2011.3.11 14：46

日本宮城縣外海發生芮氏規模9.0強震

人類地震觀測史上規模第四大強震

日本有觀測紀錄以來規模最大地震

日本政府命名為「東日本大震災」

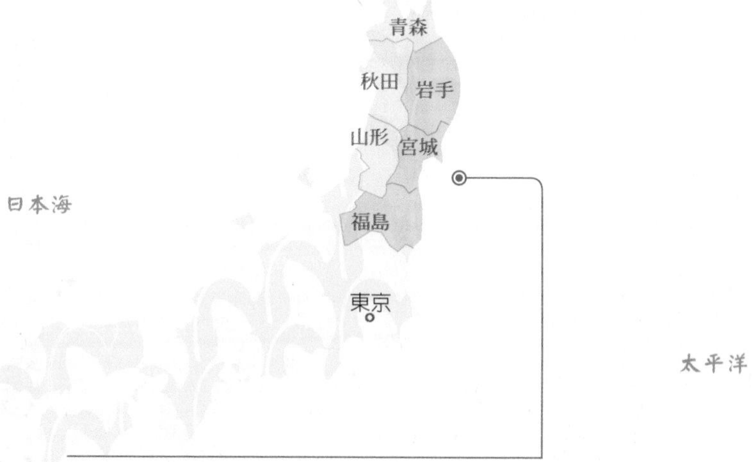

平成23年（西元2011年）日本東北地方太平洋近海地震

時間：3月11日14時46分23秒

震源：東北地方三陸海域，宮城縣牡鹿半島東南東方約130公里處（北緯38.1度、東經142.9度）

地震規模：芮氏規模9.0，深度24.4公里

災情：

- 強震引發最高40.5公尺海嘯，重創太平洋沿岸的宮城、岩手、福島三縣
- 宮城縣氣仙沼市油槽倒塌，全市陷入一片火海
- 福島縣第一核能發電廠輻射外洩，造成繼1986年烏克蘭車諾比之後全球最大核能事故
- 強震、海嘯、大火、核災同時發生。「複合式災難」造成15,854人罹難、3,155人失蹤，26,992人受傷，是日本近六十年來傷亡最慘重的自然災害
- 房屋全毀129,107戶、半毀254,139戶，超過38萬人被安置在臨時避難所
- 強震也造成地球軸心偏移、日本本州島往東位移2.4公尺

推薦序

貼近受災者 才能描寫出的眞實感

撰文／東京碎片（uedada）

有不少日本媒體報導過，臺灣對日本三一一災區的捐款額達到世界最多；可是，只有很少媒體提到，一群臺灣人爲三一一災區做了進一步深入的志工活動。

臺灣佛教慈濟基金會——這個在日本鮮爲人知的團體，災後陸續有四千多名志工，帶著各國募集的捐款以及物資，自費自假訪問日本東北三縣災區，親手將臺灣及全球的愛心送至受災民眾手中；並且這項行動長達九個月。可是很遺憾的，這個事實還不爲一般日本人所知。

老實說，我也是看了這本書才得知臺灣慈濟基金會爲日本災區做到的支援活動，感到非常內疚。雖爲時已晚，我還是要向慈濟人衷心致謝。

當然，日本國內也募集到相當多的捐款。可是根據報導，分配方式過分拘泥於公平，使得有關業務曠日廢時，結果嚴重耽誤了實際支付。

不僅僅是捐款一事，復興計畫、處理瓦礫、支援企業都遲遲未行，各項工作難以順利進展。

我天天聽到這種話，已經聽膩了；另一方面，也內疚地想：「自己也沒有做到什麼有益的事情。」而在本書中提到的慈濟，他們的態度和行動，很像對日本說：「有說三道四的工夫，怎麼不去多幫助一個人？」讓我深爲敬佩。

我覺得，日本社會救援弱者的機能不太高。雖然有不少個人對弱者懷有愛心，但一旦聚成群體，這些愛心很難反映到實際行動；光是「加油」、「絆」這些口號盛行，而發揮不了推動社會的力量。日本也應該儘快建立更有現實性的應急救人機制，蓄積經驗。

我寫得有點離譜了，要把話題換到書的內容。

我想，本書對受災民眾的描寫非常出色。我雖懂一些中文，但還是一個住在日本的日本人；這本書也畢竟是「透過老外的眼光看到、用老外的語言寫到」的災區報告。

可是，這本書當中提到的受災民眾對話、表達感情、行動的樣子都很生動、很具眞實感，讓我覺得就像看見他們的神情、聽見他們的聲音一樣。

這一年，我透過電視看過不少三一一受災民眾的報導和紀實節目，但這些大多過於強調受災民眾一個屬性，就是「被迫身在異常情境的特殊人群」。

其實，這些情況是不得已的，因爲這些節目的企畫通常包括「要展開對政府和行政方面的批評，並激發觀眾問題意識」的意圖。所以，它們的內容也往往會偏於注目受災民眾的困境，和圍繞受災民眾的種種不合理條件。

而本書是由外國人製作的，並且與政治無關，自然不含批評日本政府和行政的意圖。但，我也不認爲此書只不過是一份慈善團體的活動報告。

我透過本書推測到，在本書介紹不少受災民眾的葉文鶯女士，不僅僅是採訪受災民眾，自己也參與志工活動，幾天間與每個採訪對象一起行動，期間與他們交換了很多對話；加上與他們的朋友、親戚見面談話，也採訪他們的生活。

這樣精心周密、貼近對方的採訪方式，就給受災民眾的人物形象加上眞實感和親近感；讓讀者重新想起，災區並不是什麼特殊地域，而是有跟你一樣的老百姓，天天維持生活的另一個地方。

我冒昧地推測，這一態度是來自慈濟基金會所有活動的基本思想——「要幫助身在困境的人，喊再多口號、概念也沒用，最重要的是提供實體援助」、「可是其背景一定要有與對方的心情交流」——我猜想，慈濟在多年的活動裏培養了這樣的志工理念，又依靠每位成員堅固的意志和領導人的統御力，把理念變成實際行動。

這些年來，日本有愈來愈多的人關心社會貢獻，也在三一一後開始關心志工活動。可是這些熱潮還擺脫不了「流行」的地步。我還沒聽說過，日本哪些志工團體如慈濟那樣具有堅實的組織、方法論和持續性。

現在有不少人士提出警告，日本已經進入地震活躍期。還有，氣候變動所引起的種種天災屢次發生，今後也一定會出現不少所謂的「受災民眾」；加上現代社會的弊病會使很多民眾陷入苦境……總之，今後日本大概有愈來愈多的人在物質、精神兩方面需要別人的幫助。

我不知道，像慈濟那樣基於宗教的救人機制會不會符合日本社會；可是，慈濟爲三一一受災民眾的支援作法，必定包含很多值得日本學習的。何況，臺灣是日本最重要的鄰人之一，日本人應該認識到臺灣更多事情，當然包括慈濟在內。

（本文作者為日本人，在東京從事廣告工作，擅長透過廣告文案觀察社會脈動和居民心情；著有《日本創意文案》、《絆——後311日本社會關鍵詞》等書）

序

雪花飄落
櫻花綻放的春天就不遠了

撰文／許麗香（日本慈濟分會副執行長）

東京每年偶有幾次的下雪天，總教人驚呼連連，興奮之情勝過通勤的不便。

然而，今年東京的雪下得又急又猛，硬滑的雪地摔傷了不少人，也少了驚喜感——想起在組合屋避難的東北鄉親，不知他們如何熬過這一季身心俱痛的冷。

三一一屆滿周年前的一個午後，前岩手縣議員三浦陽子女士突然來訪，她說來東京辦事順道看看慈濟人。

日本人很少突然造訪，想是我們曾在災後雪花紛飛、餘震不斷的大船渡市，有過共同的記憶；坐在分會二樓辦公室的長桌，不知不覺暢談了一個下午，一年前在此開啟東日本賑災之路的場景，猶歷歷在眼前——

大災難發生後，當天在分會值班、因電車停駛無法回家的十七位志工，有的忙著蒐集災情，有的忙著燒一壺壺熱茶、洗著數十回的杯子，溫暖了三百多位過路人。

震後第一個夜晚，餘震不斷，但排山倒海的忙碌，讓人忘記驚慌、忘記睡眠。

分會辦公室陸續湧進許多志工，透過六線電話不斷尋找可以付出的管道；然而，如同在石頭隙縫中尋覓愛心的出口，常讓志工們洩氣得不知如何是好。

來自東北的哀號聲不斷在耳邊迴盪，我們多希望儘快啟程，去膚一膚、抱一抱他們。

時任岩手縣議員的三浦陽子，三月二十二日自盛岡搭乘夜行巴士來到東京慈濟會所，洽談物資援助；也因爲她替鄉親請命，我們終於有了進入東北的管道。

石油短缺、難以調度的車輛，還有災區缺水缺電、無處住宿的種種困難，都在人間菩薩湧現後迎刃而解。

●

芮氏規模九點零強震的摧毀力，伴隨而來的大海嘯，以及核電廠輻射污染危機，這複合式災難讓賑災工作有極高挑戰性。前往東北災區沿途偵測輻射塵，是慈濟國際賑災的史無前例。

在三浦陽子協助下，三月二十三日我們首次進入災區，由縣議員田村誠引導來到第一個避難所大船渡市盛小學。

滿心的期待，回報的是「不缺物資」，也無法直接與居民見面互動；我們不放棄，繼續拜訪第二個、第三個、第四個避難所……田村議員從原本無動於衷地帶我們拜訪各避難所，漸漸感受到慈濟人的眞誠，於是用心安排讓我們入內，才有機會將柔軟的披肩披上了避難者的肩膀。

對處於地震帶，長年在大小地震搖晃中的日本人來說，是否已習慣與可畏的大自然爲伍？或者從小被教育「個人事小，天下事大」？居民對無常的認命、對政府信任的等待，平靜無怨得讓人心疼；當來自臺灣最眞誠的擁抱與溫暖披上了肩，卻教人淚水潰堤。原來手握著手、肩靠著肩的膚慰，是超越語言的愛。

七十一歲的千葉珊子老太太淚水滿面地說，十六年前傾盡積蓄建構的家園，剎那化爲烏有，往後不知何去何從？但暖暖的披肩鼓舞了蜷縮在各個角落的老人家，紛紛站起來，感恩來自臺灣的愛。

九十六、九十、八十七歲高齡的三位老婆婆，被安置在避難所高處溫暖安全的渡假小屋，一張張臉蛋被暖爐烤得紅通通的。可愛慈祥的老婆婆說：「披肩好柔軟、好暖和。東京好遠，臺灣也好遠，您們回家要小心喔！」

「恩礼を申し上げございます！」老婆婆用最敬語「感恩您們的大恩大德」表達謝意，讓我們感受大和民族的深厚禮數。

然而，想起證嚴上人「三輪體空」的諄諄教誨，眞不敢接受；若要不辜負老婆婆眞誠的感恩，也要由來自全球三十九個國家地區，齊心爲日本受災居民虔誠祈禱、悲憫喜捨的慈濟人一起來承受。

感恩松原苑養護中心，讓我們在滿目瘡痍、餘震不斷的陸前高田市有個棲身之所；不得洗澡、和衣在洗腎病床上度過三個夜晚，可是有生以來的初體驗。

但是，讓我們神經緊繃的，並不是餘震來了如何逃出這棟已被地震毀壞部分的建築物，而是如何面對明天尚無著落的物資發放點。

感恩菩薩的慈悲，一早醒來，物資發放柳暗花明。三月二十五日起連續三天，慈濟在岩手縣大船渡市與陸前高田市發放近二十噸物資。

記得發放期間，遇上了雪花與雨水交錯的溼冷天。田村誠議員向我們表示，這是大船渡市典型的氣候，下雪過後，春天就會來臨了。

酷酷的田村議員，不知目前可好？還有熱心的吉田先生，帶著我們穿梭在斷瓦殘垣中四處找尋避難所；漆黑如死城的夜晚，找不到回松原苑的路，眼看著吉田先生的先導車已經開進水中，大家才警覺轉向，不致開進茫茫大海。

對這群協助過慈濟的人，我們深深感恩，尤其是三浦陽子女士；而今她卸下議員的責任，除了齒科醫師的本業，仍致力於社會公益。

●

地震後兩週內前進東北發放物資，爲之後的見舞金發放繫起了深深的緣。

六月十一日震災屆滿三個月，慈濟首次在陸前高田市高田小學校致贈見舞金。衣襟被受災鄉親淚水沾溼的我，站在高田小學校的廣場，面對著近在咫尺被海嘯沖刷得蕩然無存的村落，看著鄉親僵冷茫然地進入現場，十幾分鐘後又看著他們熱紅著眼眶，謙卑有禮地彎腰向慈濟人感恩道再見，我的淚水也跟著潰堤。

這一趟路走來不容易，但是我們來遲了。鄉親的眼淚有驚恐的宣洩、有失去親人的傷痛、有對未來的茫然，還有對陌生卻溫柔友善的慈濟人的感動。

大槌町發放現場，八十多歲的老奶奶說，一走進來就被慈濟人的溫言軟語感動了。她的家人都被大水沖走了，眼睜睜看著家人和左右鄰居被海浪捲走，獨留自己活下來，不知該說幸運還是苦痛，心裏很過意不去；但是今天她決定了，要好好活著來回報慈濟人。

類似的故事，在各個發放梯次不斷重演。大和民族向來以有禮內斂的文化著稱，這次主要受害的東北三縣，地理上近海又靠山，居民性格內斂之外，還加上一分樸拙堅毅；只是面對如此大的災難，在驚嚇與混亂中逐漸醒來，要面對的是無情現實的考驗，一向不輕易怨天尤人的他們，也只能無語問蒼天。

面對陌生的慈濟人，一開始他們多半抱著遲疑不安與觀望的態度。但從六月開始到年底，半年間慈濟人不辭辛勞，一次又一次往返東北災區，在二十五個城市致贈九萬多戶家庭見舞金，彷彿是一塊塊愛心敲門磚，敲在被海嘯、地震與輻射凍結了記憶的大地上，讓他們漸漸釋放壓抑與淚水。

一封封來自東北的感恩信如雪花飄落般，紛紛寄到東京慈濟會所。

一封寄自石卷市的匿名信，娟秀的字跡述說著雙親在這次海嘯中喪生，也失去了先生，她獨自撫養著兩個幼兒。那天抱著剛出生的嬰兒來到湊小學校領取慈濟見舞金，志工細心溫柔地關懷她，一路陪伴她辦手續，還時時哄著她懷中哇哇哭的小嬰兒；讓她在回家的車上，不自覺淚流滿面。

因爲幼兒的啼哭總引起旁人的厭惡，她已經頹喪到走不出門去市役所申請義援金，也曾羞愧到連出去買嬰兒用品的勇氣都沒有；而慈濟人溫暖地伸出援手替她抱著啼哭的嬰兒，讓她感受到人間有愛，需要振作起來。

她說這份見舞金要用來過冬，添補孩子們的衣物、暖爐的燈油，還有之後的生活費。慈濟人的恩情讓她無法忘懷，所以鼓起勇氣寫了這封信道謝。

也有鄉親在信中提起，要用見舞金買腳踏車，以便出去找工作、探望親友，或採買生活用品；也有人說要買羽毛被、暖爐、冬衣，好度過這個冬天；還有人將見舞金放在罹難家人的靈前，告慰他們有來自臺灣慈濟的愛心幫忙，請亡者靈安……

字裏行間可以感受到，大家很珍惜這來自全球三十九個國家慈濟人的愛心。

更讓我們欣慰的是，許多人提到，發放會場散發出的溫馨磁場，讓他們放下緊繃與無助的心，更給了他們活下去的勇氣，告訴自己不能再沈淪，要把隨著海嘯垮下的心，重新拾回來再出發。一位老婆婆說：「要堅強活到最後一口氣！」

一九九八年，我隨著赴日工作的先生來到東京，告別了工作職場，原想好好休息一段時間、好好閱讀喜歡的書、好好當個賢妻良母；然而認識慈濟後，感恩上人的帶領，讓我不再只是提家裏那個菜籃的小女子，「佛心師志」幾乎成爲生活的全部。

面對三一一這場世紀性大災難，讓我恍然大悟，原來這些年來的歷練都是在累積資糧。

記得三月十七日前往羽田機場提領來自臺灣的第二批賑災物資，通關後接到臺灣親友的電話，徵詢是否立刻帶著兒子回臺灣避難；原來，福島核電廠輻射外洩的訊息已經風聲鶴唳。

當晚，裝滿物資的十噸卡車停靠在分會門口；搬著一箱箱來自花蓮靜思精舍師父與全球慈濟人的愛，緊繃的情緒讓淚珠數度在黑暗中滴落。

卸完貨，幾位慈青同學紅著眼眶告訴我，臺灣的家人要他們馬上回去，但是他們很掙扎，因爲少了他們，師姑們會更辛苦……此刻我的心何嘗不是在淌血！

面對著家人的擔憂，雖然自知卑微渺小，但是慈濟人肩頭的使命，怎教人走得開！二十七歲的小兒子住在日本近二十年，骨子裏已有了冷靜自律的大和民族魂，這個時候他選擇留下，而且他說一家人要在一起，陪伴不能離開工作崗位的父親。

父子倆的體諒與肯定，讓我數度經過人人聞輻射色變的福島，前往東北重災區。

從找不到路、寸步難行，到由點而線而面的賑災之行，背後是許許多多志工們沒日沒夜的投入，年輕夥伴也放下學業，還有生力軍加入……每個人在賑災過程中身累而心不累，大家合和互協，身段不斷地放低、放柔軟，慧命的增長也不斷從每個人身上散發出來。

我們是這災難頻仍的大時代中幸運的一群，我們目睹災難，不能忘懷這驚世災難的警世覺悟。

走過這場大災難，內心只有感恩——感恩佛陀與上人的教法引導著我們；感恩全球慈濟人的愛心支援，我們方得以成爲苦難人的依靠。感恩這一大事因緣成就著我們。

三一一周年，媒體一系列報導，喚起我對災區更多的回憶，許多土地是我們曾經踏過的，那熟悉的山澗水流、美麗的朝陽與晚霞，不知有過幾度夢迴，卻總驚醒在對東北鄉親的許多牽掛。

踏過聲聲告急的傷痛大地、走過處處有序的避難所、親手致上一份份見舞金……雖有許多的不忍不捨，但我們深信，沈著、理性、自律的大和民族，有著源源不斷的強韌意志力，他們將會很快地跨越苦難，因爲——當嚴冬的雪花飄落後，春天就不遠了，櫻花將會再度繽紛燦爛地盛開。

攝影日期：2012.03.11

岩手縣陸前高田市　攝影日期：2011.04.01

攝影日期：2012.03.08

宮城縣氣仙沼市　攝影日期：2011.04.01

攝影日期：2012.03.07

岩手縣釜石市　攝影日期：2011.03.31

攝影日期：2012.03.08

宮城縣氣仙沼市　攝影日期：2011.04.01

攝影日期：2012.03.09

宮城縣氣仙沼市　攝影日期：2011.04.01

攝影日期：2012.03.08

岩手縣釜石市　攝影日期：2011.03.31

攝影日期：2012.03.09

宮城縣氣仙沼市　攝影日期：2011.07.30

目錄

元氣，來自有愛

【下卷】

比海浪勇敢的人

懷著希望走下去

青森
秋田
岩手
山形
宮城
福島
洋野町
久慈市
野田村
田野畑村
岩泉町
宮古市
45
山田町
大槌町
釜石市
陸前高田市
大船渡市
氣仙沼市
南三陸町
松島町
東松島市
利府町
女川町
塩竈市
石巻市
仙台市
七ヶ浜町
女川核電廠
311震央
名取市
多賀城市
亘理町
山元町
相馬市
福島市
福島第一核電廠
福島第二核電廠
慈濟致贈
「住宅被害見舞金」區域圖

比海浪勇敢的人

撰文／葉文鶯

日本東北，是我未曾到過的地方。出發前閱讀相關書籍，最靠近我將去的地點仙台市，是東北經濟與政治中心。這個百萬人口的大城，是日本戰國時代伊達將軍的故鄉，歷史悠久的神社和溫泉都是著名的旅遊景點。

我對美景沒有多加想像，仙台讓我想起三一一地震海嘯發生後，電視螢幕播放仙台機場被沖毀的情景——有「東北航空大門」之稱的仙台機場，跑道與設施幾乎全毀，班機無法起降，嚴重影響東北救災與物資的即時補給。

有人形容海嘯來時，天地猶如一具超強力馬達洗衣機，車船、房屋與人類一切生靈，都只是一件件小玩具，任強力渦流迴旋捲動，扭曲、毀壞、支離破碎，甚至不知去向。

「活著，比死去還痛苦，他們的任務比死去的人更艱難，因爲必須延續生命的價值。」當我在地震海嘯發生後的第七個月進入東北災區，遇見不少電影「賽德克巴萊」導演魏德聖口中的「倖存者」。大多時候能夠進一步深談的對象，是逐漸收拾悲傷、重新振作，並加入志工行列服務受災鄉親的人。

我了解他們身上有著比死去的人更艱難的任務，也明白他們內心有著隱然的創傷；然而他們之中有人告訴我，要連死去的親友未來得及活下去的那一部分，也代替他們活出來，要帶著這樣的勇氣來面對災後復興。

當時慈濟在東北重災區的賑災工作已經持續超過半年，正大規模對家園被毀的家庭致贈見舞金。透過文字記錄所帶回來的災區訊息，我注意到一則小故事。

述説這個故事的人名叫岩崎昭子，她並沒有提到與她對話的那位小女孩姓名。姑且稱這女孩叫里香吧！

里香與岩崎昭子的相遇，發生在「三一一」災難後。飽受驚嚇、孑然一身的人們，擠進大大小小的避難所。如此的相遇機率大約數十萬分之一，難得她們之間有了對話。

岩崎昭子並沒有提到里香和誰在一起，只說里香的媽媽被海浪捲走。昭子在大海嘯來時，也和里香的媽媽一樣，瞬間被大浪沖走。

「奮力游上岸的過程中一度想放棄，但她告訴自己一定要擁有希望、設法活下去；她拚命地游，終於幸運獲救。」（註）

里香的媽媽在臣服於海嘯之前，應該也像昭子這般掙扎過。她心裏一定想著里香，可惜雙手敵不過大自然的力量，在一片汪洋巨浪中，沒有任何支撐點將她托出水面。

里香的媽媽，沒有昭子那樣的幸運。

「你知道這世上，還有誰比海浪更勇敢嗎？」

在三月冰雪寒天中，人們瑟縮在避難所，吃著不知道還有沒有下一餐的冷飯糰，或從冷凍庫找出尚未腐壞的小魚片；容身之地連夜晚翻身的空間都沒有，向來重視個人隱私的日本人，家户之間了不起一片紙箱之隔。

當昭子聽見一旁的里香朝她問話，她一時愣住，混亂與憂煩的腦袋被另一個新的命題所吸引。她認眞地思索答案，即使面對的是五歲孩童，也不輕易搪塞。

比海浪更勇敢的人會是誰？如果問我比老虎更勇敢的人，我猜是獵人；海浪的對手是誰？應該不是漁民。

誰會抵抗海浪？海浪，從來不是日本人的敵人，日本號稱全世界第四大海洋國家，海洋帶來了豐富的資產，日本人的生活與生計，與大海息息相關。

日本人的腦子不習慣「急轉彎」，昭子錯過了回答時間。

「就是往高處跑的人！」里香直接公布了答案。童稚的聲音帶著自信，教昭子相信絕不是老師教她的話。

「往高處跑的人啊？」昭子複述里香的話時，她環顧避難所——沒有被海浪追趕上的這些人，幸運地存活下來避居在高處的公民館、學校或寺院，原來包括自己在內都是勇敢的人啊！

歷劫三週以來，昭子沒有勇氣靠近海邊一步。大海美麗又神祕，生平第一次遇見那美麗的靈魂突被妖魔附身，昭子對所居住的環境從來沒有這般恐懼過。恐懼，讓她看不見自己的勇敢。

里香將來一定是個勇敢的人吧！海浪追上了她的媽媽，而且再也不可能將媽媽還回來，她卻有著日本人冷靜、自制的民族性。

所有來到避難所的人，身上也許帶著傷，也忍受著心靈傷痛；但無論是逃生的勇氣或是好運氣，這股勇氣、運氣和僅剩的力氣，都可以成爲災變後的一股生存力量。

「只要往上跑、往前走，就能活下去！」昭子感謝里香用「比海浪更勇敢的人」來形容他們共同的命運，那無端消失的力氣頃刻找回，讓她重新擁有生活下去的勇氣。

大災難來臨，也不過是那個下午發生的事；然而，人、事、物在瞬間混亂、錯置與重組，接下來要用什麼面貌繼續生存下去？或許有天意，但也靠人的意志。

註：原文出自《慈濟月刊》第五三五期〈東日本大震災一百天——有工作，就有笑臉〉，李委煌撰文

災後三個月，暫住岩手縣陸前高田市長部小學校組合屋的居民，生活逐漸步上軌道；孩子們放學回家，來到操場嬉戲。

（攝影／黃世澤）

海嘯歷險記

撰文／葉文鶯

大難當前，如果你以為自己應該有兩分鐘準備一下再去避難，你會做什麼？決定帶走哪些東西？如果必須留在避難所，不知道多久才能離開，面對有限的食物和衣物用品，極度飢餓困乏的你，會產生什麼念頭？

上午，老人院新來一位需要照顧的長者；由於還不適應，水車福子大半天都在哄他，顯得特別忙碌。

下午，福子看老人家情緒似乎稍微穩定些，才要鬆一口氣；不料，大地劇烈搖晃了五分鐘。擔心強震引發海嘯，包括福子在內的介護人員趕緊爲院內十多名老人披上披肩、裹上毛毯，或扶或搬地疏散出去，分頭開車載他們去避難。

抵達高處另一間老人安置機構，福子忙於安頓受驚嚇的長者，喝水、吃飯、吃藥、換尿片……她整個人像是被嚇傻也累壞了，沒有時間想到家人。

當先生水車英和出現在面前，已經是災後第四天。

逃難　被海嘯追趕上山

三一一那天下午，本應是水車英和固定到海邊健走的時間，每兩天一次、一次一個半小時。他的退休生活很規律，早晚接送小女兒上下學，沒事掛起耳機彈彈琴，晚上邀約好友喝喝小酒。可很奇怪，他那天突然不想出門，繼續躺在沙發上看電視。

地震來了！停在院子的橘色轎車被震得往前滑行，他去把它們開回原地。擔心大地震後可能會有海嘯，機警的他趕緊上樓拿了三個背包和提包，出門前又順手抓了客廳全家人的合照，拚命跑到山上的寺院。

在大念寺，他和許多人站在山門邊觀察山下的動靜。地震造成寺院屋瓦掉落，住持不放心地請他們進屋躲避，但水車英和沒有進去，和大家一樣直往山下看——

地震已經過去，海嘯才是此刻最可怕的敵人。「沙塵！」有人叫道。

海浪捲起塵土形成一座巨山，年近七十的水車英和生平首次見到此景。難怪後來很多人形容他們看見的海嘯是黑色的！

山下一片汪洋，漂浮著許多房屋。「大念寺會不會也被沖掉？」水車英和聽見有人這麼說，顧不得情報真假，也沒有人可依經驗判斷，他拿起背包趕緊朝後山墳墓方向跑，直奔山上的公民館。

傍晚，天空下起雪。公民館內人們或站或坐或蹲著，水車英和站在門邊，更加寒冷。而令人生起溫暖感覺的火，此刻卻在山下熊熊蔓延開來！火焰跳來跳去異常恐怖。

即使擔心風把大火吹上山，在公民館避難的人們沒有哭喊大叫，只有等待。

「餘震一直來。我對吃東西根本沒有意識，第二天才有水喝。」水車英和忘了飢餓，第二天中午有人煮飯，他和著鹽巴吃下白米飯。

直到火燒山的焰火化作餘燼，他才離開避難的公民館下山，打聽妻子的下落。

「你沒事吧？」歷劫重逢，夫婦沒有緊緊擁抱哭泣，福子不放心地再追問：「你怎麼會這樣？」

水車英和身上裹著白色透氣窗簾，說能保暖，其實沒有多大作用。他說他在公民館，第一次拿到紙箱，第二次拿到報紙，最後分到這種拆下的窗簾，都是取暖用的。

他包裹的方式很特別，福子看得出他模仿以前的日本戰士行軍，將布綁成這種形狀較暖和。

「眞像逃難的樣子！」福子說，她還眞不習慣先生外表這一副「醜相」。

先生跑到住家上方的大念寺避難時，已經目擊海嘯把那一大片住宅區變成廢墟。福子知道自己的家完蛋了，還是得打起精神繼續工作。

避難的最初一週，福子覺得很難熬。白天一直工作，晚上七點小睡至十一點，起身輪班至凌晨三、四點再去打個盹。

「根本睡不好，很累、也想嘔吐，沒有洗澡，也沒有衣服可換洗。」她說。

一天，她開車例行接送老人途中，經過她家那一片廢墟。「爲什麼變成這樣？」她突然問自己。

飢寒　挑戰生存底限

我好奇於人們如何逃生、獲救？一個決定和行動，生死立見。

水車英和緊急時刻跑上樓帶在身邊的三個提包，到底裝了什麼寶物？他拿出來展示

經歷大災難後，水車英和僅剩逃難時背在身上的舊提包和丁點財產；漂過無數濁水而被撿回的結婚照，雖有破損卻彌足珍貴。

（攝影／吳慈涓）

scottie
scottie

給我們看。其中一個裏面裝著：手電筒、電池、愛華隨身聽、望遠鏡。

「你逃難還帶這些亂七八糟的！」福子印象中，這些是先生保留多年，甚至是單身時就有的東西；刻意收藏的物品不知還管不管用，總之是福子眼中的廢物。另外的包包裏裝著項鍊、戒指、手錶等金飾，以及一些保險資料。

這是水車英和爲這個家所保留僅有的「財產」了。

值錢的黃金與首飾，對男人來說只是財產，通常妥善保管在固定位置；對女人來說它們是用來穿戴的，因爲經常更換，福子的首飾隨處放著，隨著房屋流失，全被海嘯沒收。

水車英和繼續描述他逃難的經過。他拿了包包、照片，又想帶祖先牌位，但太重了只好放棄；逃出家門時看到住附近的表哥、表嫂，還向他們招手，比個「快逃」的手勢，沒想到他們夫婦後來都罹難。「表嫂進屋後接到女兒電話，耽誤了一點時間；夫妻倆可能又猶豫要帶什麼東西走……最後都沒有逃成。」

在避難所，飢寒交迫也挑戰著生存底限。

水車福子說，避難的老人設施起初還有米，每個人每天一小口飯糰；後來沒有米，他們向鄰近也就是水車英和的堂兄等農家開口求助，幾位農家婦女還幫忙洗米煮飯，送來許多飯糰，大家才不致斷糧。

事後爲了報恩，福子還去幫忙八十六歲的堂兄割稻與曬穀。災難，改變了許多人事物，包括人們的想法。

水車英和告訴我們，人們在避難時，從陌生到熟悉，大家變得能夠互助與分享。此外，以往居住在城市的人似乎有點輕視鄉下人，經過這次災難，城市人遭難時，沒得吃也沒得住，完全束手無策；反倒鄉下農家還有米，很多人在避難所都吃過鄉下人送來的米飯或飯糰。

「有被鄉下人救了的感覺，就比較不會輕視了。」他說。

避難期間的食物究竟有多缺乏？福子告訴我，有一天她拿到一杯咖啡，和兩名同事三人分著喝，因爲這是絕無僅有的一杯，而且也沒有其他杯子分裝。同事曾經給她兩顆糖果，她將它們放在不同口袋裏，避免包裝紙摩擦發出聲音，否則教別人聽見卻不拿出來分享，心裏覺得不好意思。

避難的第三天，福子去領取食物。一大鍋水煮蛋上面分明寫著自由拿取，但福子所屬的公司規定一人只能吃一個。

「第一天、第二天我都很老實，那天因爲餓，我多拿了一個蛋偷偷吃掉。」福子的祕密一說出，我覺得既好笑又心疼。

「人不爲己，天誅地滅。」福子重複兩次這句中國老祖宗傳下來的話。

出生在臺灣的她，雖融入日本文化，但骨子裏還是臺灣人，沒有日本人性格上普遍的過度壓抑；我想在面對大災難的此刻，能幫助她求生存。

寄宿　無形壓力難訴說

海嘯和火燒山，不只讓岩手縣大槌町許多人失去家園，一萬五千人口中，更有近一成罹難或失蹤，是全縣死亡和失蹤人口比例最高的市町。

災後電話不通，在東京念大學的大女兒擔心著父母安危。有一天，電視臺到水車福子避難的老人設施採訪，福子好心代一位言語困難的老人尋親；女兒因此在電視上看到媽媽平安。「我幫別人，沒想到也幫了自己。」水車福子說。

災後工作壓力大，薪水卻減低，加上職場人際關係也有困擾，撐到四月底，福子終於辭去工作，申請失業補助金。

失去了房子，他們夫婦被堂哥收留；大女兒在東京，在釜石念高中的小女兒則借住在同學家。人到中年還得流浪，一家人無法相聚，內心之苦可以想見。

對水車英和來說，他並不去想「寄人籬下」的感覺，那是他們的本家，堂哥身爲繼承者，既是同一家族，「我只希望他能幫助我們。」

在這個因災難而重新組合的「家」，五十三歲的福子是年紀最輕的。堂兄嫂和回到外婆家避難的六串廣子婆婆都八十多歲了，福子像是新進門的媳婦，順理成章地料理三餐，還得配合老人家們不同的生活習慣。

一天上午，水車夫婦借了車子，準備到釜石市購物，順便透透氣。

「那我們的午餐呢？」廣子婆婆這一問，福子一時語塞。這又是她的壓力；一件件累積而成，造成她的頭痛。

夜裏，福子依靠半顆安眠藥入睡；先生需要室內光線明亮才安心，因此必須點燃蠟燭才能睡覺，點完了一根接著一根，所以他睡得很淺。夫婦心中都存在著不安。

再說到小女兒，災後一直住在同學家，雖然福子略作生活補貼，但她眞希望女兒能夠回到身邊，可是堂哥家沒有空間。母女這一分開便達半年之久。

災後，面臨親人分離、環境改變……很多狀況一時無法適應，種種情緒混雜著，卻不能當作一口飯，以爲吞下去就沒事了。如果它們一直被放在心上而沒有善加處理，就會發酵、出現加乘效果。

日本人很自律又能忍耐，在這種氛圍下，福子要是不說，別人也看不出她的壓力，還以爲她是個樂觀積極的人，遇到任何困難都容易擺平。

八月，召開組合屋說明會，福子決定極力爭取，儘快擁有自己的家。「再沒有組合屋可以住，我就和女兒搬到你們家住！」福子記得她是這麼告訴辦事人員的。

放鬆 組合屋裏重新起家

終於搬進組合屋了。房屋空間變小，加上大槌町許多商店、居酒屋被沖毀，「好朋友不能來家裏小酌，有的朋友又不知道去向；總之朋友之間疏遠了。」水車英和道出他的落寞。

最可憐的是老人家，住在組合屋缺乏活動場所，漸漸的，腳力也變差了。

日本社會已趨高齡化，東北鄉下年輕人口外流情況格外明顯，組合屋裏有不少老人獨居，他們孤單、傷心、絕望，災區陸續傳出民眾自殺的消息，其中不乏具有工作能力又與家人同住的中年人。

在大槌町，我們遇見這幾年在日本求學、工作，三一一海嘯後加入遠野市一個志工團體的臺灣女孩蔡雨樺。

從避難所到組合屋，他們的團體一直陪伴災區民眾，提供熱食、物資，又支援車輛協助組合屋民眾外出就醫和購物。

「有時我會和同伴討論，到底我們現在服務他們就醫和購物重要？或者應該走進他們的家關懷？」蔡雨樺的說法，讓我們得知災區面臨的困境。

福子在她的組合屋新家，種了繡球、玫瑰花等十多個盆栽，屋後、房間都看得到花；還利用很多撿來的小東西布置，非常溫

水車英和的大姊（右一）與鄰居種下鬱金香和一些菜，要讓猶如槁木死灰的故鄉一點一滴恢復綠意，帶來希望。

（攝影／吳慈涓）

PALDING

馨。進門右側牆面上，她掛著塊撿回的木片，上面寫著：「堅強面對壓力，心滿意足地活著。」

福子外表開朗又能幹，特別撿拾這句話放在每天必須經過幾次的地方，也許這才是她內心真正需要的。

助人　走出災後陰霾

「我姓田，從臺灣到日本嫁給水車先生，我相信田裏面一定要有水車。」第一次聽見水車福子自我介紹，立刻感受她的開朗幽默；在她堆滿笑容的臉上，可想而知，她對自己的異國婚姻感到滿意。

水車福子在日本住了二十五年，是大槌町唯一的臺灣人，地震前除了在老人設施工作，她每週到釜石進行國際交流教學，教授中文以及親子中華料理；接受過教育局和扶輪社表揚，在地方上小有名氣。

水車福子巧心布置組合屋新家，擺放在門邊牆上的裝飾品似也別有用心。家人每天進出門時，可以默念這句：「堅強面對壓力，心滿意足地活著。」

（攝影／葉文鶯）

福子表情豐富、口才絕佳、反應靈敏，是個具有高度社交能力的人。從七月中旬大槌町發放開始，她接連協助慈濟在各地發放見舞金。事實上，在三一一海嘯前，她未曾聽過臺灣慈濟。

三月的最後一天，水車福子與先生開車到釜石購物。在車站附近一家飯店停車場，她意外發現一群人穿著同一式藍色大衣，背後寫著繁體中文「臺灣慈濟」字樣。

「請問你們是臺灣來的嗎？」確認眼前的這群人來自她的「祖國」，福子激動地說：「啊！我也是臺灣的！」

得知來自臺灣和東京分會的慈濟志工，甫結束在岩手縣釜石市與陸前高田市的避難所物資發放，此刻正進行兩地勘災，以進行下一步賑災；水車福子立刻表示，若有需要，她願提供協助。

慈濟的東北賑災之路如同海嘯過後，在滿目瘡痍、根本找不到路的狀況下摸索著。哪怕只是一個小點，也有希望從虛線連成一條實線，從分會所在的東京新宿連接到廣大的東北災區。

水車福子的出現確實是個可貴的小點。與福子相遇，志工們也希望把握因緣再到距離釜石市才半小時車程的大槌町勘災；然而突來的一次強烈餘震，證嚴上人指示志工立刻返回東京。

四、五月，日本慈濟分會忙於和釜石、陸前高田市官員溝通，籌備著見舞金發放工作。第一次作業必須謹慎、力求完善，才可能讓日後的賑災之路走得平坦順利。

六月初，慈濟終於在釜石與陸前高田市進行第一梯次見舞金發放。很巧，水車夫婦居然又在釜石瞥見志工身影，也因此間接促成了慈濟第二梯次的發放，地點是大槌町與其北邊的山田町。

原本生活尚稱寬裕的福子，災後沒有家，身邊也沒有多少現金，舉凡任何物資發放，吃的、用的、穿的，她都會去領取，甚至惜福到連一個用過的塑膠袋都捨不得丟棄。

「領到慈濟見舞金時，我不敢多看志工一眼，立刻走出來。我怕多看一眼、多講一句話，眼淚就會掉下來。海嘯後我整個人好像傻掉，不能思考、也沒有哭過；但接受志工親切關懷的那一刻，讓我想哭。」

擔任志工參與發放，讓水車福子減輕了悲傷。她用溫柔話語安慰著同樣受災者，激勵他們勇敢活下去。

（攝影／葉文鶯）

爲了報恩，她加入慈濟志工行列。慈濟在大槌町發放時，她向大念寺住持借用廚房與大型鍋具，爲志工準備熱騰騰的臺式餐點；在外地的發放現場，她引導民眾遵循動線領取見舞金；在奉茶關懷區，與同樣受災的人們聊天，不論是勸對方把眼淚流出來，或是安慰他們不要傷心，那些話看似相反，但從對談者的表情變化中，她的話似乎發揮了正面力量。

水車福子不只說話的音調能給人信心，她的心也很體貼細膩。在石卷發放時下雨，有長年照護老人經驗的她，立刻拿來拖把，從入口到出口一路把地板抹乾，以防老人家跌倒；感同身受來領見舞金的鄉親心中難免悲傷，她向大家一一大聲道早問好，希望鄉親感受到活力。

「助人，可以減輕自己的悲傷。」水車福子說，自從慈濟到大槌町發放，她從災民變成志工，撫平災後的緊張與不安，便不再需要依靠安眠藥入睡。

新生　從把握每一分小小幸福開始

災難確實改變了很多事。災後，我聽說有人因爲感受到沒有妻子或丈夫也可以過日子，所以離婚；也有相反的狀況——很多人選擇結婚，一同面對未來。

水車夫婦的感情融洽，現在他們夫妻和小女兒，以及先生的大姊，四個人分住在加起來才七坪左右的三個房間，努力回到生活常軌。

「她不是一個屬於在家裏的太太，她喜歡幫助別人，但也沒有放著家裏不管。」水車英和說。

聽起來是對太太的讚詞，福子正興奮起身想與他握手示好，先生卻笑說：「還沒有！」

太太內外兼顧，他也放心讓她外出工作、教書或當志工；可他有一點不滿意——

水車英和說，他通常五點半起床，叫醒女兒準備上學，接著

災後復興計畫逐漸在殘破的廢墟中展開，路旁鮮明的看板與飄動的旗幟不斷向來車招手，寄望獲得一絲絲鼓舞。

（攝影／葉文鶯）

他下廚做早點。太太通常會晚半小時起床，但很快就做出豐富的早點。「女兒看著我已做好的早點，卻喜歡吃媽媽做的，眞是不甘心！」

●

大槌町路邊開業不久的復興食堂，有些人在裏面吃飯，看見福子便上前謝謝她；有些人是因爲領到見舞金，也有人沒有領，純粹是想謝謝臺灣人的愛。

福子跟他們說：「不要謝我，見舞金是臺灣慈濟發的，我只是去當志工。」

福子也藉機叮嚀鄉親不要忘恩。「不只是錢，我連見舞金的信封都留下來——要牢記這是在我們最難過、最痛苦時，所得到最眞誠、溫暖的關懷。」

不論是慈濟在災區所舉辦的茶會，或是十月底在東京新宿那一場感恩祈福會，每當水車福子描述她的「海嘯歷險記」，讓未曾經歷海嘯的我們，彷如身歷其境；至於與她同樣死裏逃生的東北人，則是又哭又笑。

福子懂得關懷與激勵他人。在投入志工的過程中，她也認識了幾位來自東北各城，與她同樣受災卻又投入志工的日本人。彼此鼓舞、串連力量，對於日後慈濟在東北災區的後續關懷，也無異埋下了希望的種子。

這樣的水車福子，成爲我進入東北第一站大槌町的最佳嚮導與翻譯。

搭上雨夜的東北巴士

撰文／葉文鶯

儘管在發放現場與受災民眾面對面，但那兒不是他們生活的空間；若想了解他們的現況，最好跟著他們回「家」，雖然，他們也許在海嘯中失去家園。

慈濟志工將結束在宮城縣多賀城見舞金發放的那個午后，我隨著水車福子來到仙台車站，準備搭乘巴士前往北部的岩手縣，經釜石市進入她的家鄉大槌町。

氣象預報仙台下午有雨，果真過午，瞬間就下起雨來。霧雨濛濛的仙台車站，帶著幾分寒氣；進入站內等車，成排的商店泛著鵝黃的燈光，福子就著熱咖啡，先替我預習「大槌町」。

「怎麼這麼遠啊！」福子對大槌町的第一印象，是二十三年前與男友水車英和回到他的老家，從千葉縣乘坐新幹線三個半小時，之後轉搭火車經過兩小時，才終於抵達大槌町。

「光坐車就花了快六小時。那時這裏沒有餐廳，是個鳥不生蛋的地方；但是空氣很清淨，水質很好。」在那之後不久，她便嫁作水車家媳婦。

「並不是因爲她是臺灣或日本人，關鍵的一次是帶她回到大槌町，她主動而且恭敬地向我們家祖先上香。」福子的舉措出自於良好的家教，看在水車英和眼裏，認爲這是很少日本女性會做的事，便決定娶她。

福子出生在臺北士林，父親從事教職，母親頗有生意頭腦，靠著跑單幫販售舶來品，讓這個收入不豐的公教人員家庭不但在城市置產，子女也有機會穿上日本製的衣服，嘴裏的零食是日本巧克力。

「我從小就嚮往日本！」專科學校畢業後，福子曾在一所學校擔任行政人員，後來跟妹妹雙雙辭去工作到東京打工遊學；也

大槌町山上，蒙受地藏王菩薩守護的家墓靜寂而安詳；而菩薩附近的海岸線，遭海嘯瞬間帶走的生靈卻無以計數。

（攝影／林炎煌）

在東京認識長她十六歲的水車英和。

婚後定居千葉縣，先生從事行動醫療車的配備設計，福子是家庭主婦。從千葉搭車到東京大約四十分鐘，福子偶爾利用先生上班、女兒上學後，與好友到新宿附近吃飯、逛街；她喜愛穿戴名牌服飾，東京明亮又熱鬧的百貨公司，是她最開心的消費地點。

然而十二年前，身爲獨子的先生基於孝順，提前在五十八歲辦理退休，舉家遷回大槌町陪伴高齡老母。福子帶著「嫁雞隨雞」的心情，回到她遲早要回來的「鄉下」。

屋前屋後都是山，白天看山，入夜後便是一片黑暗。福子感到無聊透了，非常懷念城市生活；就在小女兒上小學後，她決定結束家庭主婦角色，嘗試做點不一樣的事。短暫待過水產公司，無法滿足於「一輩子當女工」的命運，她學會開車，接著完成介護員訓練，此後八年一直在老人設施服務，直到三一一海嘯來臨。

巴士在雨夜中抵達釜石市。車站正對面高聳著一棟建築物，冒出濃密的白煙，原來是著名的新日本鋼鐵公司。

它，令我想起十月下旬在大船渡市文化會館的發放現場，遇見從新日鐵公司退休的伊東信一。

伊東先生的老家在大船渡市，母親與弟弟都住在當地。慈濟志工到他老家發放，他說什麼都要過來幫忙，還巧遇與他同年紀的花朵美容院負責人田中和子。這兩人都是先後領取慈濟見舞金之後，加入志工行列的受災民眾。

伊東信一在海嘯來前，剛買下一艘遊艇準備展開逍遙遊；不料美夢泡在大海，連房屋都被海水沖走。

他讓我從他的手機裏一瞥他最後一次拍到的房屋外觀。「一樓不知道流到哪裏去了，這是二樓。」他指著穿在身上的牛仔褲，無奈地笑說：「後來我進去裏面，找出這條牛仔褲。」

照片中，住家二樓傾靠在不知道是誰家的房屋上面，那景象猶如絲毫不相稱的衣著搭配，又像是戰場上相互扶持的兩名傷兵。

想到他原本生活安適無虞，卻在一夕之間變成一個所剩不多，而且是少到連一條牛仔褲也不能再失去的人；難怪遭受如此打擊的他，在收到慈濟奉上的見舞金之前，一度喪失生存意志。

「日本人一向太重視競爭，不斷追逐金錢和物質；海嘯災難，是讓我們停下來，看看自己的心。」聽見伊東先生說出這番話，我知道他已經重新找回生命中不同的財富。

●

「從這裏開始就是災區了。」從釜石車站經過新日鐵公司，福子開著她在災後買來的二手車，在第一個紅綠燈左轉之後，她告訴我：「海在右邊，堤防都被衝破了。」

「大槌町的災情比釜石嚴重。我們人口本來有一萬五千多人，將近一千三百人在海嘯中失去蹤影。」福子每說到家鄉損失了近一成人口，便像個母親談到早夭的孩子，神色黯然。

穿著從流失毀損的房屋中搶救出的牛仔褲，
被剝奪太多有形財產的伊東信一（右一），
更加體會此刻應該看看自己的心。

（攝影／葉文鶯）

僧侶也有煩惱

撰文／葉文鶯

災後為四百多位罹難者誦經超度，每天看著山下被海嘯掃平的廢墟，日本傳統僧侶大萱生修明暴瘦十二公斤。「僧侶也有煩惱」不僅是他起居室桌上的一本書，更是深刻的心情寫照。

這天上午，水車福子帶我回到她的老家「遺址」，也就是從大念寺看下去那片廢墟。高低不平的地基或斷裂的臺階，雜草占據土地成爲新的主人。

也有人像我們這般流連、走動，相隔一小段距離，彼此點頭打招呼。雖然大家不一定認識，但大多是之前住在這裏，或有親人住在此地的人。

一位年輕太太告訴我們，母親爲了照顧臥床的奶奶，海嘯來時，雖然聽見放送要趕快避難，但捨不得放下婆婆，於是婆媳雙雙遇難，如今剩下爸爸獨自住在組合屋。她與夫婿住在釜石，有空便回大槌町探望爸爸，爲他買買便當、整理家務，也會回到老家這裏，悼念不幸罹難的媽媽與奶奶。

某些地方被供上鮮花和淨水，表示仍有人回來憑弔。當我第一次，也是唯一一次拍下這個畫面時，鏡頭裏沒有人影，但事後回想，卻生起一股奇異的感覺——彷彿，在那鮮花與淨水的背後，正有人接受著這樣的供養；也或許，他們看見我了。

想到過去跟隨慈濟志工在災難現場進行救助的經驗——除了關懷生還者，更應避免對往生者的打擾。我對於自己不經意間，可能打擾到這裏的往生者，感到抱歉。

●

站在山門外，朝坡道上走不遠便是大念寺。

如果海水與陸地接連的地方被稱作岸邊，那麼大念寺山門外，也就是水車福子此刻停車的位置，曾經是海嘯逼近當天急速形成的佛門彼岸。

這是水車英和第一個奔上的避難地點，當時聚集兩百多位町民。有人看見一名婦人抓著小孩才抵山門，海嘯就後腳趕上了！

「這裏不只有海嘯，還有火燒山！」福子指著坡道旁一棵樹，印證她所說的火燒山，那樹皮還被撕去一大片，裸露白色裏層，教人看見它的痛！

隔著小路，對面是大槌小學。四層樓建築物門窗空無玻璃，無神地站在原地；白色牆面也被大火燒出一道道黑色傷痕。這棟學校建築站在大念寺前方，爲它擋住了水與火，幸好學校師生大多平安逃到了公民館。

毀滅之戰 就在眼前上演

日本人沒有強烈的宗教信仰，當他們做三、五、七歲和二十歲成年禮時，孩子們會與父母穿著正式和服到神社拜拜；年輕人找到另一半，喜歡到教堂結婚；至於佛教寺院，則是人們生命終點辦理喪事的地方。

從大念寺走出一位年輕人，雙手提著兩只方型布包。猜想是來請回往生親人的骨灰吧？與他擦身而過時，我不敢多加觀看。

大念寺是座淨土宗佛寺，山門內立著許多大大小小的地藏菩薩像，肩披紅布，予人寂靜之感。但走近仔細一聽，寺內傳來熱鬧的歌樂之聲，那是來自東京的歌手演唱。

和室木門掩不住歡悅歌聲，住持大萱生修明爲了方便與我們談話，引領我們來到最靠近山門的這間起居室，也是他在海嘯後最常待著的地方。

「隨時看見有人來，我就穿上僧服出去迎接。」住持指著室內一角，衣架上掛著白色與黑色僧服；還有幾件與他身上同一式藍色短袍，那是日常工作服。

「四百多位，其中也有身分不明的罹難者，我每天都爲他們誦經。」住持說，海嘯後很多人流離失所，不論住在避難所或公民館，總不方便將親人骨灰帶在身邊，因此由寺院代爲保管，直到遷進組合屋或租到房子，才陸續前來領回。

不光是照顧往生者，大念寺作爲被指定的避難地點，每年三月三日防災演習，民眾一聽見鳴笛警示，紛紛前來避難。三月十一日當天下午，史無前例的強震加上海嘯，災況慘烈，許多民眾來不及避難。

海水將寺院下方那一大片住宅沖走，一幢幢房屋在洶湧的大浪中相互撞擊，瓦斯自燃後繼續延燒，不時傳出爆破聲響，猶如上演一場毀滅之戰。

火，順著大水燒到山門外，先是把樹木和學校校舍引燃，自然也可能在風勢助長下燒向大念寺。

如此驚人的發現，住持決定將來此避難的兩百多人，全數轉移到山後更高處的公民館。從大念寺走到公民館只需十多分鐘，由於有些長者行動不便、乘坐輪椅，年輕力壯的人便揹著他們前進。大家沿著山後墳墓旁的小路一起撤離。

山下大火燒了四天。第五天，住持帶著家人以及三十位民眾回到大念寺共住，其中八十歲以上長者三人，四十至六十歲民眾居多，且多爲夫妻。直到八月十日左右，災後將近五個月，所有民眾才全數離開。

沮喪難免　還是要往前走

大萱生住持與水車福子年齡相同，兩家甚爲友好。住持的妻子婚前從事幼教，她在學校爲學童朗讀繪本，也在寺院舉辦音樂會邀請民眾聆聽。水車家的家墓就在大念寺後山，每年吃過年夜飯，水車一家會到大念寺敲平安鐘。

「敲鐘，可以敲走煩惱。」水車福子說，她通常會多敲幾下，祈求增長智慧。

CASTER
ONE

大念寺有四百多年歷史，傳承到大萱生修明是第二十四代。大念寺本家江岸寺也在大槌町，在海嘯中不但寺院毀了，更痛失年輕一代，現任住持受此打擊，在避難所時失魂落魄……談到這裏，大萱生修明不忍再說下去。

身爲慰靈者，僧侶也有無法面對的痛苦。

「災後半年，我很頹廢；雖然沮喪，還是只能往前走。」住持的坦白相告，令坐在對面的我只能沈默。

想想，這半年來他面對四百多位罹難者，平均每天至少有兩、三位往生者需要他超度；日復一日，見一個又一個家屬哀傷的身影，他的內心怎能不沈重？

「有時，就只能跟著他們一起哭吧！」住持說，他有個朋友家中五人往生，雖然災後搬到釜石，骨灰還是放在大念寺。

「住持也需要安慰吧？」我說。

「嗯，白天很忙，晚上就喝酒，菸抽得很凶。」住持苦笑地摸摸桌上的菸盒，我注意到香菸和打火機旁邊放著兩本書。

災難，是已然發生的可悲事實。身為僧侶必須為罹難者超度；然而在理性之外，內心卻有難以承受的痛苦。

（攝影／吳慈涓）

身高一百六十八公分的他，地震前體重七十公斤，災後一下子消瘦十二公斤；慢慢又從五十八公斤恢復到現在，大約六十四公斤。

「如何看待這個災難呢？」猜想住持會不會立刻為我簡化成「無常」二字。

「很可悲，簡直不能相信。」住持的音調有些改變，停頓幾秒接著說：「但也只有接受這個事實，花了半年！」

「災難告訴我們，日本人經常提到的一個字：絆！」

「大家要同甘共苦把它熬過去。一個人無法獨立生活，要一起面對與度過。在災難中，可見人性的弱點，也能體會他人心意的好處。」

「大家團結，一生懸命往前進吧！」住持最後認為，人還是需要朋友。他年輕時曾想離群索居，感覺一個人生活可以不必在乎別人。

「後來結婚有了孩子，想法改變。我想陪孩子長大，這就是家族的牽絆。」

「您應該是很有責任感的人吧！」

「不好意思，被您讚美了！」談話至此，終於見到他靦腆的笑容。此時，正屋的歌唱表演即將結束，有人來請住持過去。起身告辭之前，將留在杯中的殘茶喝完，我又瞧了桌上那兩本書。

《僧侶也有煩惱》，書名引人好奇。「僧侶也有煩惱？」

「正好在看。」住持離去前，笑著回答我。

疼惜生命　不忍眾生受苦

事後上網查詢《僧侶也有煩惱》，作者玄侑宗久正是一名僧侶，一九五六年出生在福島縣。這名僧侶作家曾經透過小說創作，關注日本社會「自殺」現象的沈重話題。

看著書評，我想起近期加入慈濟志工的東京和尚草薙龍瞬。

一九六九年出生在奈良的他，爲了修學佛法到印度出家，後來在泰國與緬甸行腳。南傳佛教戒律甚嚴，完全不同於日本傳統寺院的和尚可結婚生子、吃葷喝酒。

草薙和尚十月份參與慈濟志工在代代木公園的街友熱食發放，十一月也跟著志工到宮城縣多賀城致贈見舞金。爲了避免讓慈濟賑災行動帶著宗教色彩，他刻意不著僧服。一襲棕色絨質襯衫衣褲加上志工背心，讓他看起來比實際年齡年輕，像個普通又熱情的年輕人。

他跟著日籍志工大塚保爬到高處吊掛賑災布條；又拿起筆書寫公告自創活潑的圖示，以便引導民眾循線排隊領取見舞金；由於語言的優勢，他在發放現場最常被分配在引導組，以及非常需要準確查核作業的核章組。

面對受災民眾，他總是很有禮貌而且迅速完成作業；但其實他最想做的，是與神情憂傷的人們或長者坐下來談話，有機會關懷他們。

記得第一次聽見草薙和尚爲代代木公園街友開示，他先將腳上的鞋子脫去，光著腳站在石頭上。「街友，我們也稱作『沒有家的人』；我也是沒有家的人，因爲我在印度出家，那裏的出家人居無定所。只是回到日本之後，礙於政府規定，我不能沒有居所。」

很顯然的，和尚的開頭語引起街友共鳴；我也感受到他的慈悲與平等心。

在慈濟十二月初結束東北賑災後的圓緣分享中，草薙和尚現身東京慈濟分會，侃侃而談。「因爲疼惜生命、不忍眾生受苦，慈悲的菩薩道是人生道路應盡的本分。菩薩道、慈悲行也是佛陀的精神，慈濟人一開始就走對了路。當今的日本社會，這種慈悲心、菩薩道好像被遺忘了。」

草薙龍瞬和尚希望有更多日本人能認識慈濟，藉由慈濟活動了解眞正的佛教精神、行菩薩道，讓佛陀精神在日本發揚光大。

「皎月知我願，傳燈去他鄉；波折不能阻，心淨灑馨香……」日本慈濟志工非常喜歡哼唱這首由慈濟人文志業中心所製作的「鑑眞大和尚」動畫電影主題曲「圓夢」。懷想唐代鑑眞和尚答應「遣唐使」留學僧普照、榮叡等人懇切邀請，東渡日本傳揚佛法。

在那個充滿險難的航海之行，六次渡海、五次失敗，那已是一千兩百多年前的事了。

今天的日本，不論是大念寺的大萱生修明住持，還是東京的草薙龍瞬和尚，無論傳統與南傳佛教的僧侶，我看到他們都努力從事利益眾生的事；僧侶若有煩惱，應該也是爲了「眾生」吧！

自從草薙龍瞬和尚加入慈濟志工在代代木公園的熱食發放，短短的開示總讓街友與志工在一飯食間，溫習佛陀慈悲喜捨的精神。他期盼日本社會有更多人走入人間菩薩道。

（攝影／蕭耀華）

珍惜「平凡」的日子

撰文／葉文鶯

要說災後復興，六串夫婦的努力値得記上一筆；在還沒有領到政府義援金時，已經靠自力設法修繕房屋、重整事業。問六串惠子對未來有什麼夢想？她不假思索地說：「沒有夢想，平凡就好！」

災後的大槌町，沒有旅館或民宿。水車福子和先生、小女兒加上先生的大姊四人，住在「四帖加四帖加六帖」三個房間的組合屋裏，面積共十四張榻榻米，外加一套衛浴設備；夫婦臥室白天還得兼作客廳。在此情況下，實難留宿訪客；因此福子帶我們來借住距離不遠的櫻木町六串惠子家。

水車夫婦災後回到堂哥家避難，六串家的婆婆廣子也回到外婆家避難；大家同住一個屋簷下，水車與六串這兩家人，才發現彼此是遠親。

七月，慈濟在大槌町致贈見舞金，福子與惠子都有領到，還一起爲志工煮菜、做飯糰，彼此更加熟絡；福子便經常來惠子家串門子。

走投無路時的感動

入夜來到六串家，一頭俐落短髮的惠子熱情地招呼我們。她和先生正悅、婆婆廣子，以及二十三歲的小女兒夕子正在客廳看電視。

「走投無路的情況下領到慈濟送來的錢，眞的會流淚！」即使事隔多月，惠子見到慈濟人，不禁又道謝了一次。

她說，災後不能做生意，以致沒有收入、只有支出；到釜石的銀行領錢，最多只能領到十萬圓。她平常做生意，隨時都要準備五十萬圓現金，那時眞的很需要錢。

「哪怕慈濟只給我們一萬圓，還是會很想跪下來道謝！」惠子還說，就算一位非常富有的人站在面前，也不可能拿錢幫助他們。

惠子的這番話，事後我才明白——日本人繳的稅很高，社會福利完善，因此民眾普遍認爲有災難時，政府有義務援助，也就是所謂的「義援金」，直接匯入受助者的銀行戶頭。

難怪日本民間慈善團體不若臺灣活躍，志工風氣也不興盛。當慈濟志工三月中旬在東京街頭及車站發動賑災募款，民眾對於捐款反應冷淡。也有夫婿是日本人的慈濟志工，要出門賑災或募款時，先生帶著質疑口吻說：「這哪需要你們外來團體幫忙？我們的政府自然會做。」

於是，我終於了解惠子的道謝是有感而發——除了政府，眞的沒有人會直接拿錢幫助他們。在見舞金發放現場，若非志工向大家說明，這是來自臺灣慈濟結合三十九個國家的愛心，日本人大多以爲這是臺灣政府的捐款，委託民間團體來發放。

「災難過去半年多了，如果這時才領到見舞金，相信已沒有走投無路時的感動了。」惠子坦言。

類似大型災難的賑災工作，證嚴上人總強調爲了「救急」，必須盡快發放；即便是富人，災後身無分文，有銀行提款卡也不一定能順利提領，所以要一視同仁給予協助。

從惠子身上，印證了上人的睿智。

基於民族自尊心、優越感以及不願麻煩別人的心態，日本人即使重災後也不輕易接受外國團體幫助。惠子記得四月時，國內發動志工來協助清掃，又有基督教團體來爲大家煮咖哩飯，教會同工還詢問她：是否需要電熱水？

「可是我們沒有電。」

「不需要插電，點上煤油就可以使用。」

「眞的可以嗎？」惠子喜出望外，可以燒熱水使用，那該有多好啊！

「是啊，我們問了好多人，他們都不接受。」

惠子舉這個例子告訴我們：「這是一種很奇怪的自尊心。」

慈濟致贈的見舞金，惠子也是懷著感恩心接受；令她印象深刻的是：「見舞金封套設計得很美，不是普通的紙；漂亮的紙裏面裝了七萬圓。」

拿到包含全球愛心的善款，惠子夫婦各留下一萬五千圓，婆婆和女兒夕子各得兩萬圓；她的用意是讓家人都能獲得這分愛的祝福。

水車福子特別提到，之前大愛臺記者與志工前來大槌町採訪，惠子都大方出借房間，堅持不收取任何費用，還爲他們準備早餐。

惠子說：「雖然我們不富有，但是我領了慈濟的見舞金，總要有機會讓我盡一點心。」常存回饋之心的她，內心格外的溫柔。

八旬長者記憶中的海嘯

在惠子家客廳，我們的話題大多離不開海嘯。

整修房子、重新購置了傳真電話和電腦，六串商店重新開張後訂單不斷，惠子和以前一樣勤奮生活，卻更想要多一點「平凡」。

（攝影／吳慈涓）

有關日本東北的海嘯歷史，在座最值得徵詢的人無非是八十二歲的廣子婆婆。就她記憶所及，生命中第一次海嘯發生在她四歲，也就是昭和八年，西元一九三三年；第二次則是昭和三十五年，西元一九六〇年遠在南美洲的智利大地震引發海嘯，讓她家裏進水三十公分；沒想到平成二十三年的三一一海嘯，浪沖這麼遠也打得那麼高！

婆婆廣子每天在客廳佛龕打掃，緩緩地燃香、上供，禮拜祖先之後再敲鐘，聽到清脆的一聲「叮！」好像這才完成她一天之中該做的事。她感到平靜與心安。

也就在這個佛龕前，三月十日，六串婆媳和平常一樣，穿著工作服忙了大半天，惠子還得周旋在電話、傳真機和電腦之間，照顧水產生意。終於得空了，婆媳在客廳喝茶聊天。

「我們大槌町雖然沒有百貨公司，但能過這種日子也很幸福。」話題最後，她們似乎不約而同生起這般心情。

惠子努力賺錢、存錢，目的也是希望享受好日子。她喜歡購買名牌，會乘探望子女之便到東京消費，偶爾出國則前往購物天堂香港。

廣子跟著媳婦旅行，也鼓勵媳婦買好東西，出門可以穿戴。百貨公司對婆媳來說，是每隔一段時間便要去逛逛的地方。

但是一年到頭多的是平凡日子，她們還是殷勤工作。沒想到隔天，便失去了坐在客廳喝茶聊天的生活。

惠子還記得海嘯前一天，先生才為大女兒採購新生兒用品，準備讓她在中旬帶到東京給女兒做月子，包括推車、絲質衣物等，總共花了三十萬圓。

當然，這一切計畫都泡湯了！期待迎接新生命的外公、外婆正歡喜時，竟不知道死亡陰影環伺東北沿岸。

六串家靠近山邊，聽到警報聲，夫婦倆和婆婆一同逃往後山避難。

「我回去拿長筒鞋。」聽見先生這麼說，惠子不禁在心裏罵他：「笨蛋！」

傍晚，先生還沒有回來，惠子開始擔心，決定回家看看。她拿著枴杖以確定水面下是否安全，在靠近住家附近，她辨不清方向，開始呼喊先生的名字。

黑暗中，看見前方似乎有個很大的東西在漂浮，她生起不祥之感，心裏發慌，只好繼續叫先生的名字。

突然她聽見回應，聲音不知道從何發出。原來先生已在自家二樓，正要指揮她如何避開危險走進家中。

是夜，夫婦在二樓度過。在避難所的廣子婆婆吃到一個很小的飯糰加味噌湯，心裏很悲傷，想著兒子不是回家開車？怎麼沒來接她。

最想追求的是「平凡」

六串家是典型的兩層樓日式房屋，在海嘯中大半毀壞；從事水產生意的他們，位在釜石的店面進水十五公分，所幸沒有多大

每天在家中最昂貴的佛龕前上香，廣子婆婆
感恩祖先賜福，方能歷劫脫險、家人平安。
（攝影／葉文鶯）

損失；但住家後方小型水產加工廠，因冷凍櫃毀壞導致產品腐敗；總計損失約兩千萬日圓。

面對一片狼藉，子女本要爸媽帶著奶奶與小妹到東京暫住，六串夫婦卻認爲應該趕緊恢復家園——一鼓作氣雖然疲累，總比徒然傷心等待來得好；況且，生意重新開張才會有收入。

住家經過清理與修繕，終於在六月將婆婆接回家住。七月，六串夫婦重振旗鼓，開著小貨車到超市等熱鬧地點做生意。

海嘯葬送了昔日興盛的漁業，海邊充滿腐敗與死亡的氣味，環境十分惡劣。惠子告訴我們，這一年夏天海邊出現一種奇特景象——由於海嘯造成大量動物屍體，海鷗不必辛苦覓食，以致吃得過胖而飛不動，當往來的車輛疾馳而過撞死海鷗，吸引成群蒼蠅，總見路面上黑壓壓一片。

六串夫婦每次出門做生意，經過海邊時總會刻意將車速放慢、窗戶緊閉，以免撞上海鷗，也怕看見肥大的蒼蠅打上車窗的慘死狀。

五十四歲的惠子成長過程中缺乏母愛，當了媽媽後，她補償似地以子女爲重心。長男、長女一一離開身邊，年齡與大姊差距九歲的小女兒夕子，終有一天也會離開，於是夫婦讓夕子在釜石的店面掛名小小「社長」，無非是企圖多挽留她一陣子。

如果沒有這場海嘯，惠子大概只知道自己愛孩子有多深。災後，手機恢復通訊，一封封簡訊開啓——「爸媽一定要活著！」簡訊還秀出掉淚的圖示。他們親子間很少直接說「愛」，惠子再也沒有比此刻更感受到子女們對他們的愛。

八月，六串家的生活漸漸安定，惠子把住在東京的長男、長女，以及想念多時的孫子們全部叫回來。只要看見他們，便足以消除累月來的疲勞。

災難，讓許多人重新感受「家族」的力量。不僅活人之間的關係重新連結，正當先生六串正悅決定重新購置佛龕，而且造價四百八十萬圓，惠子瞪大眼睛，以爲自己聽錯了！

一開始她不同意，但先生認爲這次災難全家能平安，都要感謝祖先的庇蔭。她便不再說話。

不知道使用「豪華新穎」形容六串家的新佛龕是否得宜，總之，它是這個家重新購置的家具中，最昂貴的物件。

比賺錢更重要的事

廣子婆婆的生活一向都由媳婦伺候得很好。在六串夫婦辛苦恢復家園的三個月中，避居農家的她，三餐雖有水車福子照料，但期間她想念過家裏泡的茶葉，更想吃媳婦做的菜。好不容易搬回家，她成天笑嘻嘻，也固定與老朋友相約去唱卡拉ＯＫ。

不若多數老年人早睡早起的習慣，惠子形容婆婆是個「屬於晚上的女人」，她可以看電視或與家中訪客談話至深夜，然後慢慢去睡，隔天早上再慢慢醒來。生活步調緩慢、悠閒而且優雅。

相較下，惠子忙碌多了！除了原本的水產生意，爲了增加收入，在十月做起外送便當生意，她負責烹調，先生幫忙包裝與外

六串正悅「一生懸命」，在災後與太太惠子全力以赴重整家園、復興生計。

（攝影／葉文鶯）

送，客源從町內到釜石市都有。他們提供的菜色包括家常便當，也替人製作「三五七歲」儀式或喪家需要的特殊餐點。

他們沒有夾報也不刊登廣告宣傳，靠著顧客建立的口碑，加上大槌町和釜石市在災後損失了許多家餐廳，惠子的便當生意還不錯。不想太忙的原因，是避免連去東京探望兒孫的時間都沒有，這可比賺錢更重要。

日本人將災後重建稱為「復興」。要說災後復興，六串夫婦的努力值得記上一筆。

政府針對災區房屋全壞補助五十萬、半壞二十五萬，六串家還沒有領到這二十五萬時，已經靠自力設法修繕房屋、重整事業。

也許是身為生意人的敏感度，六串正悅觀察災區復甦步調，語重心長地告訴我們，賑災物資不應該再進入，否則會打壓在地商店生意，這如何復興？「況且大家現在不缺乏物資，不應再有依賴發放的心理；領取免費的東西，也會誤導小孩子養成不正確的觀念。」

他說，靠自己的人一定比較辛苦，但是靠別人也是一時的；他提起精神大聲說：「一生懸命！」他要靠自己的力量全力以赴。

大槌婦女的「竹筒歲月」

「早安！不好意思現在過來打擾。」穿著工作服的鄰居佐佐木婆婆客氣地說。

廣子婆婆替客人泡了茶，惠子也從廚房過來打招呼，接著轉頭對我們輕聲說：「婆婆的先生在海嘯中喪生，請你們聽她訴說心裏的苦吧！」

失去丈夫、沒有了房子，佐佐木婆婆搬來與兒媳一家同住。

「我是寄住者。」佐佐木婆婆形容自己在兒子家的身分，低頭望著桌面。瞅見她一臉陰鬱，水車福子立刻坐到她身邊。

難以融入兒子家的生活，對佐佐木來說比喪偶更辛苦。每天在佛龕前面對著先生的牌位流淚，其實是宣洩著委屈和不知所措。「只有來到廣子婆婆和惠子這裏，我才能說一些話。」

佐佐木婆婆不知道哭過幾次了，這時又不禁流下眼淚。

「你不要哭，讓先生安心去做佛，也要把自己的身體照顧好。」水車福子的父親兩個月前過世，她回臺灣奔喪，在生死課題上學習到：活著的人不要爲死去的親人牽掛與過度悲傷；送亡者安心上路後，更重要的是安頓自己。

「你可以跟我一樣申請住在組合屋，也可以租個小房子，讓女兒或朋友隨時去看看你，偶爾也陪你住下來。」福子基於在老人設施服務的經驗，不建議還有生活自理能力的佐佐木婆婆住進老人院。

「但你比較想一個人過生活？還是需要和家族在一起？」這時，家族的連結又顯出另一層意義。這個問題得由佐佐木婆婆去思量。

「很抱歉，也謝謝大家。我會減少表現出憂傷的臉。」佐佐木婆婆勉強笑著。

佐佐木婆婆記得領慈濟見舞金那天，她在發放現場也哭了。「志工安慰我不要難過，並不是做錯了什麼事。」

她很感謝慈濟人親切的關懷；後來陸續在六串家聽福子說，不論哪個國家有災難，慈濟志工不畏冰天雪地還是酷暑炎熱，都會去救援；佐佐木婆婆和幾位婦女便開始捐款，託福子到慈濟當志工時順便帶去。

大槌町的這群婦女並不富有，甚至沒有收入，在大災難之後，卻能以單純的善心展開小額捐款；眞像慈濟「竹筒歲月」開始做慈善的翻版。

●

日本房子占地雖小，卻大多在庭前闢有花園；住在惠子家這幾天，我總喜歡欣賞廣子婆婆每天會去照料的花園。

我想起災後曾聽聞一個關於花園的故事——屋主重回殘破家

園，見花樹不堪摧折、了無生機；破牆上一抹穢土，小草竟撐著細韌腰枝迎風搖曳。

「以前只要看見雜草長出，一定拔去。」昔日悉心照顧的反倒失去；幾番除之而復出的，竟是微不足道的草芥。是生命的反諷吧？屋主向小草致敬，並且讓這個欣然發現鼓舞自己：就讓可怕的海嘯走開，讓猶能呼吸的自己好好活下去吧！（註）

經歷海嘯災難，內在生命與外在環境已然產生變化。正如廣子婆婆的花園——芍藥死了，木蓮、羅漢松還在，菊花在這個時節開得異常熱鬧；遭受重創，有些活下來、有些死去了，有些只是暫時沒了生氣。

生死離散皆是因緣。如果一株芍藥沒死，它還是芍藥；當季節來臨，它會醒來繼續發芽、開花、繁衍。人，也是一樣。

「你對未來有什麼夢想？」勇敢生活著的六串惠子聽到這個問句，笑笑不假思索地說：「沒有夢想，平凡就好！」

註：原文出自《慈濟月刊》第五三八期〈女川町　走上希望之路〉，涂心怡撰文

六串家的花園，菊花在秋日繽紛綻放。暮春的傷痛過去，自然的療癒無時無刻不在。

（攝影 / 葉文鶯）

在災地種上幸福

撰文／葉文鶯

用淚水培育出的種苗，也會發芽、開花並結成果實。佐藤貞一在特殊心情下所栽種出的一片新綠，將如山一般的瓦礫推開，他的種苗屋開在被海嘯占據、摧毀的最前線。

在六串惠子家，她讓我們看著電視臺訪問他們克難做生意的影像記錄，又拿出一本雜誌，裏面全部收錄著跟他們一樣快速復興的小故事，頗具激勵之意。

其中一位佐藤貞一先生，這名字很熟悉，大愛電視臺曾經訪問過他。

家住在陸前高田市，五十六歲的他，六月領到慈濟見舞金。當時，他告訴志工要將這筆錢用來重整他的種苗圃。

「I have nothing.」

翻開佐藤貞一這一頁，大標題寫著：「心靈希望種子——在災地種上幸福的種子。」

記得佐藤貞一接受大愛臺訪問時，向記者介紹他寫在小貨車後方「心靈希望種子」這幾個字；又帶記者來到一大片廢墟，以手比畫著一個區域。那裏曾經是他的住家與店面，記者來不及捕捉的繁華與驕傲。「I have nothing.」他不斷重複這句話，告訴記者他從擁有一切到一無所有。

無限悵然吧！再看雜誌報導的內容大意——

在陸前高田市的横田町，佐藤的種苗店在自家倉庫開了！

賣菜苗或花苗的店，領收書（收據）上印有鼓勵的話語——

種在心裏的希望，爲客人加油！

他在陸前高田開種苗店十年，他的菜種與花苗也可以在大型家具量販店買得到。

佐藤貞一原本在食品公司擔任蕃茄指導員，專職種苗研究；四十五歲離開職場，在高田町開種苗店。當時連續幾個月都沒有顧客上門，他度過一段艱辛的日子。

眞的能當成一門生意嗎？佐藤貞一掙扎很久，後來想到：「一定要有種菜說明。如果沒有的話，人家怎會想來買？」他開始向客戶說明種菜、種花方法，逐漸與客戶建立信任關係。

佐藤貞一不但種出三色蕃茄，還開發新品種並申請到專利。他勤勞地一步步朝新領域挑戰，來自全國的訂單也進來，客戶不斷增加；但就在事業漸入軌道後，卻被海嘯襲擊了！

那天下午，他和太太開著車到離海岸線十公里以上的橫田町老家避難。幾天後，他從山上高臺往下看，市區已變成廢墟瓦礫，家人沒事，但高田町的家和育苗設備都沒有了！他說不出一句話。

失去店面又領不到失業保險金，沒有收入的日子讓他深感不安，不知道何時能夠重新開業，也不知道客戶是否安在。被海嘯拜訪過的店面只留下片瓦殘礫，他在上面留言：「我要活下去！

我還活著。」

災後，岩手縣盛岡市同業前來探望時看見留言。後來，佐藤貞一收到有人爲他寄來種子和用品，幫助他很快可以再度營業。

見也沒見過的同業或在北海道的個人，也寫信或親自來拜訪他，突然湧上的許多善意，使他認爲不能放著善意不管，如果自己放棄，等於辜負支持者的心。他決定要讓店面重新開張。

「即使是小店也會覺得被需要，就像腳踏車爆胎時，也需要有店爲他們修理一樣重要。」從佐藤的店所開出的收據，上面這番話也救了附近的人。

「海嘯可以把東西都帶走，但是人的精神是不能被破壞的！」文章最後一句結語，正是佐藤貞一的信念。

別人無法理解的痛

六月，出現在慈濟見舞金發放現場的佐藤貞一透露自己曾經到過臺灣，他到臺南縣指導農業，傳授讓一株蕃茄培養出不同品種的技術。

爲大愛臺記者翻譯的志工小野雅子，父親早年到日本工作，她在高中時代前來依親，後來嫁作日本媳婦，日語能力相當好。因爲陪伴大愛臺記者跟著佐藤貞一從發放現場回到家中訪問，雅子對佐藤留下深刻的印象。

「我的痛，你們無法理解。」佐藤貞一告訴小野雅子，三一一當天他去超市買東西時，發生地震，並聽到廣播說會有海嘯來，於是趕緊回家叫太太一起去避難。太太本來想拿一些貴重東西再走，但是遭他勸阻。

他們在路上遇見許多人，也正因爲捨不下貴重財物，後來都被海嘯沖走。

佐藤記得車子開到大約距離海邊兩、三公里的地方，夫妻起了小爭執。

「逃到這裏應該夠遠了！」太太說。

緊握方向盤，他繼續踩著油門開到約四、五公里處。太太看見那裏有加油站和便利超市，人群很多。

「應該可以了吧！」太太又說。

可是他也沒理會，一直開到九公里處接近他媽媽家附近才停止。那裏有一條漂亮的小河，平常是可以下去玩水的。

佐藤貞一難過地告訴小野雅子，海嘯過後，這條小河浮出十多具屍體。這就是海嘯的威力！「原來海嘯一直跟著我們，還好命在。」

聽見佐藤貞一在災難發生時斷然捨棄一切，而且寧可與太太吵架也不願意從眾，堅持往更高處避難，才終於保住性命，眞可謂九死一生！小野雅子替他們感到慶幸，不禁說：「可能你們平常有做好事。」

沒想到，佐藤貞一帶著嚴肅的表情告訴她：「不能這麼說，好像那些被沖走死去的人沒有做好事。」

佐藤貞一說他的心很痛，高田松原的松樹很有名，卻只剩下唯一的一棵了！

來到母親佐藤絹江的家，舊式樓房旁邊加蓋一個空間，住家和店面全毀的佐藤貞一在這裏另起爐灶。他的綠手指又開始培育種苗，也在母親的田裏種下蕃茄、彩椒等作物。

「這菜是早上才摘的！」佐藤絹江是一位個性開朗的長者，見到來自臺灣的朋友，開心地滔滔不絕。她拿出自製的醃高麗菜待客，聽見客人讚不絕口，又熱情地拿出更多讓他們品嘗。

「我想要有個店，讓大家有個希望；我要站起來，也可以給人鼓舞。」小野雅子看見佐藤貞一在卡車後方擺放許多盆栽，雖然只是個小小的流動商店，但她相信他不久之後一定得以如願。

在死寂與荒涼中振作前行

十月，小野雅子在日本慈濟分會收到一封信，寄件人正是佐藤貞一。

佐藤貞一與母親熱情招待來訪的慈濟志工，
並表示雖然領受外界援助心情很複雜，但他
要把這分心意用在重建種苗屋。

（攝影／黃世澤）

佐藤首先感謝她寄去仙貝，讓他和母親在災後忙碌之餘得以享用，母親要他儘快提筆道謝。此外，在大災難之際承蒙臺灣慈濟給予莫大的關照與援助，他不知如何表達內心深深的感激。

「海嘯過後的陸前高田市街道，時時可見汽車或鐵製殘骸堆積成山，沒有任何建物或興建工程。草原此時原應長滿翠綠的雜草，因受海水浸泡之故，提前枯萎。十月的陸前高田町街已化爲荒地，徒留虛風在水泥殘骸中流竄。」佐藤描述災後七個月，故鄉一片死寂與荒涼。

「叔叔仍行蹤不明，同學、老師都往生，鄰居有半數以上喪生，全市將近一千八百人殞命。」佐藤貞一說，爲了尋找親友遺體，他到遺體安置所，在數百棺木林列之中，一個一個去確認。

「有的臉部發黑，有的遺體殘缺，令人深深感覺海嘯之可畏。」更令他腦海揮之不去的，是三個並排站立、緊抓著棺木，雙眼哭得紅腫的小孩。

「媽媽！媽媽！終於找到您了，我的媽媽……」

佐藤目睹這一幕，內心萬分不捨，卻說不出任何一句安慰話語。「他們的母親遺體並非完整，孩子們仍緊抓棺木，哭喊：『媽媽！媽媽！爲什麼我的媽媽死了？爲什麼死了？』……失去了母親、失去了家園，這些孩子未來的支援是很重要的。」他感到心痛。

「消防隊將支離破碎的遺體放在塑膠袋中，並以乾冰塡塞。在裊裊的線香中，人人低落的心情不知如何形容。垃圾車將遺體運到集中處排列，並用清水沖洗。據說沙灘上被沖上來的遺體有的被鳥類啄食，竹林裏也有遺體殘骸吊掛著。」佐藤貞一痛苦地陳述著災區實況，那是媒體禁止進入採訪，外界也無法得知的景象。

「雖然如此，人們還是繼續向前進。大家都很難過，但仍相互招呼、彼此幫助，感覺比以前更緊密。我自己也回到海嘯的最前線，總覺得應該振作起來。」

佐藤貞一告知小野雅子，在母親的支持下，他的種苗店在八月份以臨時搭建的組合式店鋪重新開張了！

先是開著小貨車銷售種苗，又借用母親住家立起招牌，而今店面地點則是「回到海嘯洗劫過後的遺址」，佐藤如此形容。

他的組合式店鋪是利用受到海嘯折彎的鋼管作爲立柱，屋頂梁柱則以瓦礫板組接，因爲還沒有水管，他挖掘井水和儲存雨水因應。通訊上，雖然可以使用行動電話，但無法使用固定電話、傳眞和網路。

「無論做什麼，都沒有充分的工具和材料，只能就地取材。種苗屋尚未完全恢復，但我並不向困難屈服。」佐藤貞一寫道，他很高興收到臺灣慈濟基金會的見舞金，然而受到各國眾多人士關懷，心情也很複雜。不過，他將所領受到的心意用在海嘯最前線，當作種苗屋的復建費用。

「只要有心的日本人，應該都不會忘記在東日本地震之際，臺灣是最有力的支援。」佐藤貞一認爲，他們的存活也許只是偶然，但是存活下來的生命種子，應該好好珍惜並且努力活下去。

「這是對那些死去的人的責任。」他寫道。

用淚水培育出種苗

「大震災……忘不了！放下吧！
留下來的生命，好好珍惜繼續活下去！
播撒內心希望的種子！街道復興的種子！以及受災地幸福的種子！
人們流失了，家也流失了，腫脹的雙眼淚如雨下。
媽媽……爸爸……顫抖著的聲音如雨下。
兒子啊！女兒啊！……爺爺、奶奶……頸項低垂，淚如雨下。
叔叔……嬸嬸……孫子……雙膝著地，淚如雨下。
老師……同學……大家……放聲大叫，淚如雨下。
辛苦了……大家努力了……拍著肩，淚如雨下。
大家一起奮鬥吧！不要太勉強了。體貼的淚水如雨下。

艱辛創業十年的種苗屋和住家全毀，佐藤貞一將簡易告示留言板釘在原地。他知道重新打基礎更加艱難，卻不能放棄。

（攝影／黃世澤）

我們一定支持你，沒有問題的。後方支援的淚水，遙遠的臺灣超越國境的淚雨。

因溢出淚水的滋潤，發芽、開花了，有一天一定會有纍纍的果實。這裏是海嘯的前線，將如山般的瓦礫堆推開，什麼東西嘛！種苗屋再度復活了！」

佐藤貞一隨信附上一小段文字，看似內心獨白，寫滿著他的悲情吶喊，在不斷的淚如雨下的境地中，最後竟能讀出他的瀟灑。

用淚水培育出的種苗，也會發芽、開花並結成果實，佐藤貞一在特殊心情下所栽種出的一片新綠，將如山一般的瓦礫推開，他的種苗屋開在被海嘯占據、摧毀的最前線。

看見了嗎？復興勇士佐藤貞一好一句「什麼東西嘛！」他可不是輕易就被海嘯擊垮的人呢！

（日文翻譯：小野雅子、吳慈涓、闔麗妮）

美麗重生

撰文／葉文鶯

田中和子、齊藤慧子都是六十出頭的美髮師。一位在災後第四十九天，讓美容室如花一般亮麗開張；另一位慘遭海嘯洗劫，家沒了、美容院也休業。在大難中差點經歷生離死別，她們那雙手依然擅長為女人創造美麗，柔韌的個性不但穩住家庭，更在災區付出愛……

慧子：看著家沒入大浪

三月十一日，宮城縣氣仙沼市。

下午茶就將喝完，齊藤慧子與好友小松登喜子被大地震嚇得奔出室外。

通常家長會在大地震後到學校接回孩子。慧子告別登喜子，急往孫子就讀的保育園。慧子看見老師正準備帶孩童疏散到公民館，她與約莫十位趕到的家長，也或牽或背著近五十位孩童一起避難。

在公民館三樓，慧子目睹海嘯來襲，也看見包括她家在內，許多房子沒入大浪。

「救命！」呼聲四起，有人藉著漂浮的屋頂或瓦礫幸運地被搭救上來。但海嘯接二連三，水位逐次升高，呼喊聲急速流逝。站在公民館上的人，徒有救不到人的無力感。

慧子驚嚇不已、無法思考，不敢相信所看見的事實。

三月三日甫結束防災演習，公民館內尚有一些水和餅乾。大人照顧孩子們吃著食物，自己卻捨不得吃。外頭下雪，缺乏毛毯禦寒，老師和家長懷裏分別擁著幾個孩子，並且脫下衣服罩在他們身上。

夜裏，海上油桶爆炸起火，公民館的人們被水圍困又有大火逼近。為了不讓孩子們看見驚人的一幕，大人不時抓緊衣服護住他們的頭臉；同時憂心著——萬一大火飄近，該怎麼辦？

慧子記得他們之中有人試著以手機發出求救簡訊。三天後，東京消防署人員前來救援；消防人員將孩子們綁在自己身上安全騰空，分乘直升機離開。

飽受飢寒驚嚇的孩子面對著將被陌生人帶走，不安地哭泣。慧子安撫才兩歲半的孫子將雙手交給陌生人：「你先離開這裏就可以見到媽媽，奶奶等一下去找你們。」

孩童安全撤離後，大人步行走下公民館。自衛隊利用地面瓦礫當作停機坪，因爲高低不平，機身半停住半移動似在漂浮。病老者優先搭上直升機，六十四歲、身體健朗的慧子則是獲救的最後一批人。自公民館撤離的人陸續被送往氣仙沼市中學校，在此避難將近一個月。

和子：走進黑暗尋希望

三月十一日，岩手縣大船渡市。

被海嘯洗劫一空的齊藤慧子背對蕩然無存的
過去，選擇微笑勇敢向前走。

（攝影／蕭耀華）

這天晚上，田中和子與先生在大船渡病院避難，聽見院內放送某某先生正在接受急救，希望家人盡快到身邊。

那是田中夫婦的家庭醫師，不幸喝下大量污水而病況危急。和子趕到醫師身旁陪伴，先生幫忙去找醫師太太。可惜當醫師太太趕到，先生已經去世。田中夫婦徹夜陪伴家屬爲往生者誦經。

災後毫無大女兒野野村純和孫子們的消息，他們夫婦擔心卻只能等待。

純本來在東京從事美容業，顧及四個兒子年紀尚小，難以兼顧工作，於是搬回大船渡市娘家附近。孩子們白天上學，她就到媽媽的美容室幫忙，直到傍晚陸續放學，她才帶著他們回家。

海嘯抵達大船渡市時，純正好開車載著最小的兒子，準備到學校接回兩個大孩子。田中夫婦擔心萬一女兒正好到學校附近，那裏靠近海邊，恐有不測。

災後兩天，田中夫婦從避難所返家，遠遠看見自家房子，卻找不到路過去，因爲道路充滿瓦礫和變形車體。

第一次遇見海嘯，田中和子目睹災難及災後殘破景象，感覺腦袋一片空白，宛如喪失記憶。

重回老家，依然不見女兒蹤影。田中夫婦循著女兒前往學校的路徑一路尋找。

「純！純！」「大君！大君！」

夫婦在學校附近大聲喊叫，耳邊卻只響起自己的回音，焦急的臉上充滿了淚水。

「他們可能都已經死了！」他們甚至想到最壞的結果。

後來聽人家說，不妨到高架鐵道附近找找。那一座火車經過的鐵道，替這附近的人抵擋海嘯衝擊的力道，據說當時有人為了避險，穿越隧道往山上高處逃。

田中夫婦走進黑暗的洞口尋找希望，身上唯一可供照明的是手機發出的微光。剛開始走並不覺得暗，愈到中間，伸手不見五指，這才害怕起來。可是爲了女兒，他們繼續走下去。

穿越山洞，依然沒有著落。憂急如焚的心終於在大家「合流」一起時，如釋重負。

事後他們才知道，女兒還沒抵達學校就看見海嘯在遠處迎面而來，趕緊掉頭，直接開車安全避難；從學校離開的一個孫子躲到同學家，另外兩個兄弟手牽著手，也像他們這般沿著鐵道走向高處，只是他們走的是另一條捷徑。

和子：伸頭要快，生活得繼續

災後四十九天。

從山坡上的大船渡病院驅車直下，重災區位在地勢較低的區域。隔著一條人車進出的主要道路，右邊一片殘破景象；左邊卻有一棟兩層樓日式房屋，外觀充滿春天百花盛開的氣息，吸引人們的目光。

走近一看，牆面漆上綠色的底，上面畫滿黃色、紅色等大小花朵，令人心花怒放。再左右瞧瞧，前方花園還在整理，屋前石砌的矮墩上擺放許多小盆栽。如此別出心裁的店面，招牌寫著——花朵美容室。

站在門外參觀的人，必然不會忽略美容院左側牆面畫有一道藍色標線，寫上「2011.3.1津波到這裏」。

受災至今，田中和子的美容室以嶄新面貌重新開張。住了二十四年的房子毀損嚴重，隔壁一樓美容室部分毀壞，幸好二樓的和服工作室沒有進水，那些和服可值不少錢。

附近本有四家美容院，受海嘯波及尚無法營業。「雖然同樣受災，但我的頭要趕快伸出來，這是我的個性。」和子說。

田中夫婦不想借貸整修房屋，避免增加負擔。災區建材缺乏，木工匠等裝潢業炙手可熱，和子的弟弟正好是木匠，家人合力從流失的物品以及瓦礫堆中尋找可用之「材」——包括仍可切割平整再利用的大片玻璃、漂流木、杯組碗盤……

田中家採取的環保修繕工程進行得相當順利，不仔細瞧的話，還眞看不出玻璃門上下圖案與材質並不相同；室內重新裝

災後重新開張的花朵美容室，太陽花快樂地爬上綠牆。人們賞心悅目，更想推門入內一窺這麼「元氣」的主人是誰？

（攝影／葉文鶯）

潢，不顯眼的地方容許木頭顏色些許不同；除了天花板採用全新木料，有些小洞便用撿來的木頭補綴。

美容院必備的生財設備，部分器具新買，有些則精挑二手貨，看起來一點也不覺中古。和子將她的美容師證照、參加美容及花嫁競賽的獎杯、獎牌，擺放在美容院進門窗台明顯的位置。

於是店面新穎、經驗老道的花朵美容室，四月二十九日這天，正式開門爲女性朋友服務。

第一家重新啓業的美容院，給前來捧場的舊雨新知打了折扣優惠。

慧子：往前進，不要回頭看

齊藤慧子的家被沖走，離開避難所後，她短暫住過組合屋，後來帶著小兒子搬回娘家，與高齡九十三歲的父母同住，彼此相互照應。

七月二十九日，夾在大排長龍人群中的慧子，領到慈濟志工親手致贈的見舞金。

十年前她曾到臺灣。握著手上這筆錢，她不敢相信這是來自於那裏的民間慈善團體；比起日本政府透過匯款給予義援金，親手收受這分情令她感動不已。

當慈濟志工張好邀請她來當志工時，她毫不考慮就答應了。慧子返家，從信封裏拿出一些錢交給好友石川諒子與小松登喜子。「把車開去加油吧！明天跟我一起去當志工。」

「笨蛋！」兩位好友毫不客氣地批評慧子，受災了居然不把錢留著自己用。

慧子與諒子同年，諒子形容她們早在出生後三個月大做乳兒健身檢查時，就在一起了！「我們是一半一半，加起來才是一。」諒子說。

她們與小松登喜子同屬於氣仙沼市一個社會福祉學園，從事老人義工服務。慧子的志工經驗尤其豐富，不僅在老人院所服務，二〇〇八年中國汶川大地震後，她在北京友人協助下前往四川災區幫忙，也曾赴蒙古植樹以抵抗日益嚴重的沙塵暴。

這樣的慧子博得了「雞婆歐巴桑」之稱。

慧子在公民館避難時，本以爲她和孫子不可能存活。歷劫後，她告訴自己：「我要往前進，不要回頭看。」既然幸運獲救，應該多爲別人做點事情。

也從事美髮的她災後休業，並放棄國內外的美容研習機會，參與多場慈濟見舞金發放；好友諒子與登喜子自然也相挺隨行，體諒著登喜子身體不太好，較遠的地方才不讓她去。

得知慈濟志工自掏腰包從東京或遠從臺灣到日本東北賑災，慧子三人到慈濟當志工，不但自行開車前往，若在外地也自行負擔住宿費用，甚至帶著飯鍋自己做飯糰，也替志工準備一些。

「你們都是自己出錢來的，如果我吃你們的飯，那就不算是志工了。」慧子告訴志工不必替她擔心生計，一來政府有補助受災，再則十多年前先生病故，她也領有遺族年金。

女兒眼中的和子——勇氣與智慧

十一月十四日這天近午，我來到花朵美容院。裏面有三位客人分別要洗、燙、染髮，田中和子母女忙得很。

女客們都上了年紀，屋內流洩的音樂來自廣播電台，卻恰巧符合她們的年紀，讓美容院裏有著家庭美髮的親切。室內布置雅潔，雖然稱不上高級美容院，卻頗有格調。

下午四點，又有少女預約到二樓工作室穿和服，準備拍照以舉行二十歲成年禮。

和子的和服工作室除了服務新嫁娘，也替孩童做三、五、七歲；重新開張後，首次增加成年禮的服務，已有十位客人預約。

想想三月受災時，兒子還勸他們放棄這裏，搬到仙台與他們同住。白手起家的田中夫婦豈肯放棄好不容易打造的家園？

「還好我們孫子很多，大家一起幫忙，才能很快復建！」田中和子瞇起眼睛笑著告訴我們，大女兒的四個兒子，一個上高

一樓美容院、二樓和服工作室，田中和子母女忙著上上下下為顧客打點造型。準備過二十歲成年禮的少女一穿上和服，宛如一夕間綻滿的美麗櫻花。

（攝影／吳慈涓）

中、兩個念中學，最小的才小學，「再小也沒關係，小有小的工作。」她分配有力氣的大孩子清理淤泥，再不然拿著抹布擦擦洗洗總行，最小的孩子就讓他負責撕下舊壁紙。施工人員說要是撕得乾淨，工錢更便宜。

三月二十一日，整理家園的工作還一刻不得閒，和子卻不慎跌倒，造成肋骨裂傷，連呼吸都感到疼痛。

兒子了解媽媽，若不將她接到仙台住，讓她眼睜睜看著凌亂待整的家，心裏肯定更著急。然而即便到了兒子家，和子還是幫忙煮三餐。「我不適合只當個煮三餐的人，我是一個凡事要趕快做的人。」在和子的爭取下，她在四月十五日重回大船渡的家，邊按著受傷部位邊做事。

由於家人分工合作，美容室很快開張，住家也修好了。

逢人問起田中夫婦在這次海嘯中究竟損失了多少？「難以計算。」男主人田中義信說話時，同時拿出一張加了護貝的在地新聞簡報。「幸好我的寶物都沒事！」

他口中的「寶物」是照片中的家人，特別是四名子女總計替他生了十位男孫，這則喜事可讓田中家登上了報端。

三一一大海嘯是個難以抹滅的記憶。爲了紀念災難，田中義信特別要求在房屋外牆標示海嘯高度。

這房屋外牆彩繪說來也是巧合。和子覺得儘管室內重新裝潢，房屋外牆看起來實在有點「煞風景」。剛好田中義信在澡堂遇見一名男士，相互聊天問到彼此職業，對方說他在畫畫，便以爲他是一名油漆匠，於是請他到家裏來幫忙。

結果，這位志工畫家帶著田中家孫子一同在牆上作畫，果眞替花朵美容室繪製了最好的廣告牆。

生活恢復常軌，爲了讓孫子們忘卻海嘯陰影，田中夫婦帶著女兒和孫子搭乘新幹線到東京旅行。

「不要讓他們再看見瓦礫，我想教導他們：這裏雖然停止，但其他地方還在轉動著。」田中和子說。

和子便是如此一位充滿勇氣與智慧的女人。在女兒純的眼中，她可是十足的行動派呢！

純告訴我們，媽媽自從領取見舞金與慈濟結緣，不但在店裏放慈濟簡介與小竹筒，遇有客人好奇詢問，便向他們解釋並讓他們帶回去。媽媽也樂意到慈濟發放現場當志工，即使非美容院公休日，她也一定去。

「媽媽要出門了，你自己來吧！」

「怎麼可以放我一個人呢？」和子甚至沒理會女兒的小小抱怨便走了。

「這就是我媽！」純說這話時，笑著露出無可奈何的表情。

災後七個月的氣仙沼市，黑漆漆

十一月十五日，我第二次來到氣仙沼市。

回想起十月二十四日，結束在宮城縣石卷市的發放，慈濟志工一行十多人在傍晚驅車來到氣仙沼市，準備隔天進行第二次發

即使受災、一無所有，齊藤慧子依然熱衷於志工生涯。慈濟在氣仙沼市組合屋舉辦茶會，慧子向鄉親介紹她所認識的慈濟團體。

（攝影／吳慈涓）

放。兩部九人座車開在一般道路，沿路沒有太多指標，司機一度在愈行愈暗的小路上迷了路，原本前後緊跟著的兩部車，便各自以投宿旅店爲目的地。

遭災之地早已失去城鎮的輪廓。車窗外是黑漆漆的沿海，據說醫院、學校都受到嚴重損害。凡有生命者被迫遷移，來不及收拾的罹難生靈，被留在這個毫無希望之地。

抵達旅店的前幾分鐘，司機只能在低處望著位在海港上方閃爍著燈光的高大建築物，卻找不到路開上去。氣仙沼市道路一片昏暗，離開了主要道路，小小路面似乎還沒有經過完備的鋪設。直到我們踏進泛著溫暖燈光的旅店，將黑暗阻絕在門外，這才感到安心。

從客房窗口望出去，幾艘漁船停靠碼頭，昔日熱鬧的魚市場悄然無聲。旅店下方，地勢低窪的建築物大多被海嘯沖毀，怪手藉著點點燈光繼續在夜間揮動長手臂，大概是爲去除地基殘骸吧？

被挖深的地基上都有水。這座城市在海嘯後沿岸地層下陷，給人陰溼之感，與地名中的「沼」字頗爲相符。

氣仙沼市在災後元氣大傷。翌日清晨拉開窗簾，見有船隻緩緩駛進漁港，據說只是來自大島的客船或載送瓦礫的小船。後來我在市役所及街上未被破壞的建物大型玻璃窗前，看見此地昔日傲人的海景與豐碩的漁獲。

在許多大型海報與市役所展示的照片中，人們正在舉行豐收祭典，閃亮的旗幟、成串的漁獲，人們擊鼓作樂。我彷彿也夾在人群中，看著那一只碩大到足以蓋住人群的風箏飛揚，而生起雀躍之心。

好友眼中的慧子——勇往直前

大型漁港已然失去光彩與繁華，但這個地方令我印象最深刻的，卻是三位笑口常開的在地志工，她們猶如七〇、八〇年代，臺灣相當受歡迎的外國電視劇「黃金女郎」。

與受訪主角齊藤慧子約在下榻的觀洋飯店咖啡廳見面。只要她一出現，石川諒子、小松登喜子又怎會缺席呢？

慧子一臉嫻靜，石川諒子則打著辮子、穿著工作服，打扮看起來特別年輕。至於年齡稍長的小松登喜子則保持一貫神祕，堅持不透露年齡。

慧子與登喜子都已喪偶，諒子偶爾羨慕著好友的自由之身。她說早上出門前，先生說：「你又要出去做傻傻的事了！」

先生的話其實沒有惡意，「日本人不太喜歡當志工。我出門當志工，有時家事或煮飯便要先生自己做，他說他都變成我的志工了！」諒子哈哈大笑，乘著開溜前，故意威脅一下先生，說：「再囉唆，我就上網把你賣掉，可是你的年金我還是要照領！」

只要三人湊在一起，好像總有說不完的笑話。只有在我問及慧子避難後，兩位好友道出她們的擔心，這時三人才時而流淚，時而破涕爲笑。

登喜子記得大約是三月二十日左右，她在下午三點半的電視節目中看見慧子接受訪問。

「我們生命還在，但是什麼都沒有了！」慧子說。

登喜子本想聯絡諒子一起去看她，可是手機無法接通；她一個人帶著毛毯和吃的東西去看慧子。兩人相見擁抱，久久說不出話來。

登喜子流著淚、顫抖著聲音告訴我，自從地震那天與慧子分手後，她在回家途中雖然沒有看見海嘯，但是一直擔心慧子的家地勢較低。

災後，慧子的生活重心是擔任志工，這也成了三個女人的共同話題。她們提到最近一次參與的發放點是在多賀城，她們自行開車去，卻不知道前往發放地點的路該如何走，第一天迷路，第二天早上只好跟著慈濟志工搭乘的巴士，一路開到發放地點。

石川諒子退休後在家教書法，每週六教學兩小時，對象是小孩子。爲了到慈濟當志工，她偶爾得向學生請假。

「慈濟應該頒全勤獎給我們了！」諒子開玩笑說。

訪談不知不覺進行到過午，爲我翻譯的志工吳慈涓做東，邀請她們一同在飯店吃碗拉麵。

窗外便是海港，看著海鷗任意飛翔，想到慧子形容她被大水沖走的家，什麼東西都沒有浮上來，兩手空空、一無所有，即使想要回憶也沒什麼東西供作紀念。

或許正是這樣的慧子，才選擇勇往直前吧！

海鷗只爲下一餐覓食；而有太多人常懷憂慮，故不得自在。

「不要想太多，過生活不必太認眞。」三位「黃金女郎」不經意吐露她們的生活哲學，聲音輕輕飄在氣仙沼港的天空，像是在對我說話。

齊藤慧子（前排右三）災後勤做慈濟志工，兩位好朋友石川諒子（前排右二）和小松登喜子（前排左二）也跟著她開心做起他人口中「傻傻」的事。

（攝影／陳國麟）

穿越四十五號公路

撰文／葉文鶯

國道四十五號是東北三陸地區主要幹道，連接岩手縣與宮城縣。在車輛大量流失的災區，計程車是復甦最快的行業之一，乘客來自十方，司機眼觀四野、耳聽八方，消息自然靈通。搭上小野寺慎一郎的計程車沿四十五號公路穿越大船渡市、氣仙沼市回到仙台途中，他描述了關於災後復甦的官方說法、小道消息加上自己的街頭觀察……

外表淨潔、斯文有禮卻不拘謹，仙台計程車司機小野寺慎一郎，在我們離開大船渡市之後，一路開車爲我們服務。

五十八歲的他，本業是夾娃娃機出租業者，開車只是兼職。海嘯後災區大量汽車流失、汽油燃料缺乏，計程車加的是瓦斯，較不受影響；由於生意出奇的好，所屬車行很需要司機，老闆拜託他成爲正式社員，開車就變成他的主業。

二〇一一年六月中旬，他在配車中心接到任務，「有一個臺

跑過很多災區的計程車司機小野寺慎一郎，
是個消息靈通的街頭觀察家。

（攝影／葉文鶯）

灣來的慈善團體要去災區巡訪，請您擔當。」從那之後，小野寺一直載著慈濟志工四處勘災、溝通發放事宜到現在，儼然成爲好朋友。

行業興衰面面觀

災後第十天重回駕駛座的小野寺，載到的第一個客人是仙台東北大學教授，學校因災停課，他要回東京的家和妻小團聚。由於仙台機場全毀，只能使用山形機場；小野寺記得那時天色已暗又下著雪，他必須小心翼翼確認哪條路可通行。一路迂迴而行，平常一個半小時的車程，那天開了兩個半小時才到山形機場；他看到機場周邊道路塞滿了車，機場內人潮盛況空前。

災難發生之初，計程車加瓦斯總是大排長龍，光排隊就要兩小時而且限制加滿，所幸情況日漸緩和。小野寺每天跑車超過兩百五十公里，月休四天，一個月大約跑上八千公里。比平常跑得更遠，整體收入穩定增加，只是下班時間都很晚。

他的計程車後座車門張貼著一張宣傳單，告知乘客自六月起，只要搭乘這一家無線計程車協同組合的車，車行就幫客人捐出十圓給災區。

小野寺所屬的車行客戶登錄有三十二萬戶，每天固定叫車的乘客約一千人，一天公司總計約有一萬人次叫車。生意不受災難影響卻肯捐輸，是很有意義的公益行動。

根據小野寺的觀察，這次災難讓很多行業找到發財機會。「第一賺錢的是汽車製造業；第二是組合屋材料業；第三是建設業。」小野寺補充，因爲災區道路免收過路費，也讓物流業者大賺其錢。

「最可憐的是保險業者，理賠很多。」然而保險公司也有因應之道，災後人們更想買保險，他們已將保費提高約一萬圓。

小野寺的車搭載過無數來自國內外大大小小民間團體及個

宮城縣石巻市災後街道景象。日本損害保險協會統計，至二〇一二年三月一日止，因三一一地震所支付的保險理賠金達一萬多億日圓，是阪神地震理賠金額的十五倍。

（攝影／蕭耀華）

NIS

人。有人直接到災區各公民館或交流中心幫忙；國內也有財團發起募款，將款項委託非政府組織協助災區重建。日本一家著名輪胎公司除了捐款，還讓員工輪流到災區協助清除瓦礫。

目前災區志工人數大幅減少，小野寺告訴我們，並非大家對災區的關心變淡；以清除瓦礫來說，災後有很多志工來幫忙，後來政府採取以工代賑，以一天一萬兩千日圓僱用民眾，因此志工需求量減少。

「如果自衛隊和志工經常來幫忙，會減少當地人工作機會。」不過，小野寺也指出，政府委託民間包工清除瓦礫，儘管業者登廣告徵求在地人，還是很難找到工人。

「一髒、二辛苦、三心情不好，因為有時還會找到屍塊。」小野寺與大型建設公司人員交談過，他們也很困擾，急需工人卻找不到，特別是年輕人。

不可思議的外國慈善團體

「釜石、大船渡、陸前高田、田野畑村、岩泉、久慈、南三陸町、石卷、女川、東松島、山元町、亘理町、多賀城、塩竈、名取……剛開始就跑很遠的地方。」小野寺在腦海清楚地倒帶，細數與慈濟志工去過的岩手縣與宮城縣災區。

政府規定計程車業者不得到外地載客營業，除非顧客包車指定前往。因此有些地方他不曾去過；而去過的地方，看到如今一片慘況，心裏自然難過。

他記得南三陸町有一家美麗的飯店，如今已經消失，只能保存在記憶中；陸前高田市的高田松原，這個江戶時代就開始培育的防潮林，本有七萬多株松樹，是「日本百景」之一，卻只剩下孤挺在變色天地間的「一本松」，很多人特別去拍照留念；而他所熟悉的四十五號公路沿線原本商店林立，如今多被破壞殆盡。

乍聞來自「臺灣佛教慈濟基金會」的人要巡訪災區，「是來日本宣傳佛教的吧？」他猜想。

返家後上網搜尋「慈濟」，「是以佛教爲根本宣揚和平，也

陸前高田市的高田松原是日本百景之一，如今七萬棵松樹消失得僅剩這一棵，成為海嘯後的奇景，也被喻為「希望之樹」。

（攝影／黃世澤）

在做慈善工作的團體。」他得到這個結論。

在車上，他聽到慈濟志工表示要親手發「見舞金」給受災戶。「如果有三十萬人受災，那麼多人要怎麼發？每一戶又要發給多少錢？哪來這麼多錢呢？」小野寺心存疑問：「這該不是一群天眞、希望倡導世界和平的佛教徒吧？」

小野寺祖先爲日蓮宗弟子之一，他認同慈悲善行，本身也是佛教徒；但是災區如此廣大，他想不通這個外來團體會採取什麼做法。

日本民間也有「見舞金」，如家有喪事，親友之間致贈奠儀大約五千圓，至親頂多包上一萬圓。而小野寺從慈濟網頁得知，慈濟致贈對象是領有「罹災證明書」者，依房屋毀損全壞、大規模半壞，以及每戶人口數決定發放金額，區分爲三、五、七萬圓。

「哇！這麼一來，不是需要一大筆金額嗎？」小野寺繼續看下去——原來這些錢來自慈濟創辦者證嚴法師的號召，集合三十九個國家的捐款，再由志工依照法師的理念和信用來執行發放。

「看到這裏，我才開始感動！」小野寺很認同慈濟的做法，「受災者最需要的，就是現金！」

組合屋裏，嬰兒母親的壓力

三一一大地震，仙台震度規模六。小野寺生平第一次遭逢這麼大的地震，他家牆壁變形產生裂縫，地板也傾斜，一家人在附近小學避難四天，海嘯警報完全解除後才敢回家。目前屋頂已經修好不致漏雨，其他工事還在等候木匠來修理。總之，房屋還可居住。

已經出嫁、居住在山元町的女兒，因住家全毀，一家三口搬回娘家借住在二樓。小野寺心疼女兒一家委身在八帖榻榻米大的生活起居室，空間窄小，心情難以開朗。

然而，住在組合屋的民眾更辛苦。

他聽說，家中若有小嬰兒，鄰居就得忍受哭鬧聲。「大家都很小心不要造成別人的困擾，但這個『不想造成別人困擾』的想法，就已經造成自己本身的困擾了！」小野寺說，有些照顧嬰孩的母親因此變得神經質。

慈濟十一月二十七日在山元町發放，女兒會去領見舞金，小野寺也決定在這天去當志工。「只是放棄一天一萬三千圓的收入，沒問題的！」阪神大地震時也當過志工的他笑著說。

其實在小學避難那四天，他也爲一起避難的鄉親服務。

原本容納三百名師生的學校，災後湧進兩千人，大家沒有地方可以睡覺，只能站著。還好居民與學校平日都會進行防災演練，兩千人很快就完成編組，各就各位，冷靜地遵從指示。

學校有備糧，大家在戶外生起柴火煮大鍋飯；中學生二十四小時輪流搬水沖馬桶……他們的付出精神，讓小野寺很感動也被鼓舞。

小野寺家的水管沒有壞，他回家取水還搬來瓦斯桶；除了負責把水送往學校，又逐戶去敲門看還有沒有人沒到學校避難，也幫忙發毛毯。離開避難所後，他每天爲獨居老人送飯糰，直到三月二十日才恢復開計程車。

官方統計，仙台市人口一百零四萬人，大約二十萬戶受災，其中有八萬多戶房屋半壞以上。慈濟原本也可能在仙台發放見舞金，但是民眾無法出具市役所開出的「罹災證明書」。

「民眾不滿地向市役所反映，職員異口同聲表示：『對不起，我們人手不足。』」關於這一點，身爲受災市民的小野寺頗有意見。他指出，市職員一萬人，神戶市役所職員也來幫忙，市民卻遲遲領不到罹災證明書，比較其他市役所的作業情形，實在無法苟同這種官方說法。

「最近才剛結束選舉，沒有氣力的議員被換掉了！」小野寺不帶任何情緒地說。

身爲市井小民，大概也只能透過投票偶爾爲自己伸張一下正

STRENGTH FROM THE
INTERNATION
Peac
GARDEN STATE N. DAK

日本人從小訓練防災意識，地震、火警等演習每隔一段時間預演一次，學校要求學生攜帶「防災帽」，平時當坐墊，地震時可戴在頭上保護。

（攝影／林炎煌）

義吧！

觀光業停滯，飯店卻一房難求

從大槌町、大船渡市、氣仙沼市到仙台訪問期間，困擾我們的一大問題是很難訂到旅館；慈濟志工到各地發放，團員曾經因此必須分住四家旅館。

海嘯加上福島核災，東北觀光業在重創後尚無法動彈，很多旅館業者面臨倒閉的命運。在小野寺看來，災區觀光業至少需要五年才能恢復。

飯店數量雖然減少，但小野寺觀察到，隨著災後陸續有建設業者、研究者，以及保險業者前來調查災害，加上記者與志工團體長期進駐，各個飯店的入住率明顯增加；而災區如仙台開始舉辦會議或者是有歌手前來賑災義演，粉絲也會趕來，許多飯店因此客滿。

旅館在災後另一個長期客群是受災戶。政府爲了解決他們無家可歸的問題，與旅館業者合作提供民眾入住。

「反正沒有遊客，災民來住、國家付錢，每人每天補助五千圓。」小野寺說，避居飯店的民眾，特別是溫泉旅館空間大，每天既可泡溫泉又有得吃住，生活品質比居住組合屋要好。

也是這種種原因，讓原本搖搖欲墜的旅館業者，不需張貼廣告或大力行銷，便又生存下來。

小野寺甚至說，福島的飯店提供輻射被害撤退的町民更大的「享受」，如高級旅館豬苗代飯店，那可是每人一晚住宿費用高達兩萬圓的休閒度假村！

但也不是所有飯店都願意以此方式自求生存。小野寺舉位在福島西部會津若松市一個著名觀光勝地爲例，旅館業者擔心影響一般遊客入住，堅持不接受核災避居者，結果住房率只達到往年的一成而已。

福島民眾避居外地，多少面臨被排斥的處境。小野寺提到，有些人看見來自福島的車輛，甚至惡作劇在上面畫叉，叫他們不要來。而福島人對於未來的不確定感，除了生活與生計方面，甚至包括年輕人的婚事；考慮結婚的對象可能將輻射曝露當作一項「遺傳疾病」，擔心影響下一代。

但另一說是，有失去家園的人羨慕著福島這群人——雖然眼前回不去，至少生活由東京電力公司照顧，而且還知道有個地方是自己的家；只要東電解決問題，家園還在；相較之下，被海嘯沖走一切的人，生活沒有保障，像是漂泊者。

政府積極復興東北漁業

居住問題暫時解決，接下來是產業復甦。

東北以水產和農業為主。農業方面，被海嘯淹沒的土地除鹽工作至少要花三年，才能讓田地重新耕種；至於漁業，漁民必須有船、有設備才能再出海。然而漁村人口漸趨老化，除了石卷市、氣仙沼市等大型港口尚有年輕人口從業，小型漁港要談復興就更加的艱難。

新聞報導指出，日本政府爲復興漁業，計畫投入二十三億日圓進行各項建設。依小野寺觀察，政府的重點傾向於重建大型港口。過去，漁民大多各自擁有船隻和加工廠；災後資金普遍不足，因此改採集資方式組織大公司。小野寺說：「東北人靠海維生，漁業不可能轉型，大約八成還是會維持原來的水產業；改變最大的是漁民不再個人捕魚，而是加入公司，由漁業特協組織保障收入。」

在東北各城市長期跑車，小野寺八個月來觀察災區各城市重建腳步，他認爲最快的是仙台，其次是石卷、氣仙沼、釜石、大槌町、南三陸町、陸前高田市。

「地方自治體團結努力才恢復得快，這與仙台是大城市也有關係。」小野寺指出，仙台以預算金額的百分之七十用於建設，五年後與其他各城相較，差距會更加明顯。

「今天NHK新聞報導，飄到河口的輻射塵比上游高出三十倍，河川上游比河口安全。」小野寺此話一出，我們又談到海域裏的魚類。

福島的捕撈作業已被禁止，「仙台人只要是近海捕的魚就不吃，從北海道來的魚才吃；鯖魚和鮪魚是從北海道來的可以吃，但從東京游來的鰹魚不吃。」小野寺像在繞口令，接著直指重點：「從北往南游的魚吃，由南向北游的魚不吃。」

換句話說，只要經過福島海域的魚就不吃。

「如果在仙台捕到從南部游上來的鰹魚怎麼辦？會出現在人們的味噌湯裏嗎？」

這問題也難不倒小野寺，他回答：「比目魚和貝類等近海魚貝類一定不吃；鰹魚分爲近洋與遠洋的，若是遠洋的，如兩百海哩外的遠洋漁獲還是會吃。」

聽著小野寺對於「吃」與「不吃」的魚貝類可以輕易劃分，毫不含糊，我開玩笑說：「最好他們上岸前身上都寫著他們來自哪裏！」

重建過程的沈重課題

爲了災區龐大的重建經費，加上國民年金福利制度已造成國庫沈荷，電視上出現了發燒議題，各界都在討論該不該提高稅率或徵收消費稅。

「三一一重建預算目前約五十兆圓，但可能花到九十兆圓。另外，福島核能廠要拆除、廢核電要花三十年，大概也要用掉一百兆圓；這是政府確定會做的事。」小野寺提出簡報。

日本國內在福島事件後反核聲浪高漲，爲了廢核，民眾開始改變用電習慣。「今年夏天推動節電很成功，大家感受並且證明，沒有核電也可以過下去，這是很好的事。」小野寺說。但凡事總有正反意見，有人認爲與其花一百兆圓廢核，不如用來做其他發展。

在大槌町拜訪市役所官員談到復興計畫時，總務課長平野公三指出，災後最迫切需要解決的是土地利用——無法原地重建是一大問題，另外就是沿岸堤防到底要建多高。

根據中央的規畫，大槌町重建堤防的高度爲十四點五公尺、比起海嘯前的六點四公尺，相當於兩倍高；但以三一一的海嘯高度，新造堤防也無法抵擋。

即便即將興建的高十四點五公尺、寬六十到七十公尺的堤防，足以保障人民生命財產安全；但如此一來，海洋便與人民生活隔開，高大的堤防也產生視野上的壓迫感。居民看法不一，這就是地方政府現在面臨的難處。

「國家在科學、經濟專業上都有基礎，我們必須根據中央的政策和民眾溝通。堤防已由專家在進行，預計五年完成。」平野公三是一位盡責的公務員，然而當他說這些話時，我無法確知這項協調任務是否容易達成。

針對堤防重建，小野寺聽說在石卷、氣仙沼市也有同樣的聲浪。甚至有人提出應該修建多層堤防，第一道最好有八公尺，旁邊再建造比一般道路地基還高的避難道路。當然，同樣有人質疑這種做法。

不論堤防將蓋多高，重建是既定事實。小野寺帶著遺憾的口吻說：「是啊！接下來要蓋的堤防，會讓大家看不到海。」

重新思索面對海洋的態度

在新宿車站附近的紀伊國屋書店，我在書店進門顯眼的架上發現兩本口袋書。歷史小說家吉村昭所著的《三陸海岸大津波》與《關東大震災》二〇〇四年出版，在二〇一一年海嘯過後，五月分別再刷第十一版，成爲暢銷書之一。

「我喜歡三陸海岸而多次步行其上。北從岩手縣久慈起，南到宮城縣女川一帶止。順著海岸線，忽乘巴士，忽請卡車搭載，再沿著村莊步行。

我著迷的原因是，想到三陸地區的海洋與人類的生活間有著密切的關係。海岸遭觀光業者進駐，這雖能愉悅觀光客的眼睛，卻已經變得和那塊土地上的人們沒有關聯；海洋成了單純的景觀，感受不到人們在那塊土地上生活的氣氛。

此外，都市和工業區的海洋，只不過是滿盈著含有鹽分的水。海洋的光輝不見了，它們只不過是污水流入的蓄水池而已。和那些相比，三陸沿岸的海洋是爲土地上的人而存在。海洋是生活的地方，人們很認眞地面對海洋。」（註）

吉村昭深情地描述他在岩手縣三陸沿岸看見「眞正的海」，當他注視著海洋時，同時看見極度不協調的景觀——那擁有幾近奇怪厚度和長度的鋼筋混凝土建造的堤防。

當他看見某些海邊小村落，戶數少、人影稀疏，但是村落人家依然被防止海嘯的堤防包圍著，不禁感嘆：「海洋施予人們許多恩惠的同時，也讓人們承受威脅生命的殘酷試煉；海洋依大自然的常態給予人類豐裕，相對的，也毫不留情地迫使死亡。」

對於「需要那麼多防波堤的海洋的恐懼」，吉村昭感到背脊發涼。

昭和八年（西元一九三三年）三陸沿岸地震海嘯後，岩手下閉伊郡田老町重新修築堤防。吉村昭在書中指出，因戰事而中斷的堤防建設，終於在昭和三十三年三月完成。

那是人們從未見過的大型防潮堤，全長兩千四百三十三公尺，上寬三公尺、底寬最大二十五公尺，最高則有七點七公尺（海拔高度十點六五公尺）；而這道「海上長城」同樣在二〇一一年的海嘯中，脆弱得不堪一擊！

無怪乎平野公三提到，中央政府討論未來堤防重修方案時，便有人認爲堤防築得再高，都可能被海嘯衝破，唯有加強海嘯的提前預警，以及加快民眾疏散，才是有效因應之道。

人類與大自然爲友？爲敵？面臨災難重建的困境，究竟誰有智慧解決？

「日本科技很先進，有沒有可能蓋那種平常看不到，但是海

災後一年，幾乎被海嘯滅村的陸前高田市，仍是一片荒蕪：清出的瓦礫廢棄物，占兩個足球場大，不時有民眾走上十多公尺高的平臺，眺望海洋。

（攝影／蕭耀華）

嘯來時可以升上海面的『堤防』？」在小野寺車上，毫無決定權的我們不免也爲重建堤防而胡亂獻計，想像卡通裏的海底祕密基地，需要作戰時便能出水。

「啊，我也這麼想的！」小野寺興奮地發出「喂——伊——」機器伸展的聲音，湊和著說：「或者從空中掉下救災窗簾。日本人技術很好，這是不錯的點子！」

幾秒鐘後，他想起什麼似的，正色說：「可是日本經濟掛帥，不會製造那種永遠不壞的東西；若沒有地震、颱風的破壞，日本的經濟無法轉動！」

於是，小野寺視這個「喂——伊——」的構想爲無稽之談。

●

建造、破壞、遷徙、建造……人類似乎難逃如此的命運。

在被海嘯大肆破壞的東北災區，正在遷徙的人們，讓我想起日本知名動畫「借物少女」艾莉緹。

艾莉緹是個小小人，與家人生活在人類家屋地板下，依靠著向人類「借物」維持生活。十四歲的她偶爾與父親到屋主廚房拿塊方糖、抽張面紙，或拿走掉在地上的大頭針。

他們不若老鼠或螞蟻，不會在現場留下任何痕跡，因此不容易被人類發現。

不料有一天，正當艾莉緹與父親合力抽取面紙時，被在外婆家養病的敏感男孩翔發現了！

「既然被人類發現，一定要搬家。」艾莉緹的父親做出果斷的決定。

向來，被迫遷徙者都是弱勢。艾莉緹和家人雖然不捨，卻只能搭上一只茶壺，划著槳順河而下，重新尋找新天地。

人類的遷徙，是否也是向大自然偷取了什麼而被發現呢？全世界有多少填海造鎮的故事？海嘯後，日本東北沿岸地層下陷無法原地重建，爲了恢復漁港必須填土再造；而沿岸失去家園的人們計畫遷往高處，開始動起青山的主意。

在美妙的豎琴音樂中，艾莉緹與父母瀟灑地離開，另覓安全處所；我不知道人類在與大自然共舞時，會爲自己選擇什麼樣的配樂……

註：摘自文藝春秋株式會社發行《三陸海岸大津波》第六十五頁，慈濟日文志工江長銘翻譯。

懷著希望走下去

三一一櫻花線

撰文／涂心怡　攝影／蕭耀華

海嘯之於東北海岸並不罕見，幾乎六、七十年就會來一遭，沿海而居的人口愈密集、災情就愈慘重。三一一之後，岩手縣最重災區陸前高田市，居民決定在海嘯衝擊陸地最遠的地方，種下一棵棵櫻花樹，連成一條海嘯抵達線；期待這條「三一一櫻花線」，讓後代牢記這場毀滅性的災難，千萬別再依海而居，犯下同樣的錯誤與慘劇。

二〇一二年三月十一日下午兩點四十六分，日本東京地鐵數百列列車停駛一分鐘，廣播請乘客一同默哀；位於銀座的百貨公司鳴鐘十一響，進行一分鐘默哀；上個月底，剛動完心臟手術的明仁天皇，即使身軀虛弱，仍堅持抵達東京皇宮前的國立劇場，參加慰靈祭。

這一天，是國難，亦是國殤。

日本各地，無論神社、學校、社區廣場，舉辦大大小小的追

災難屆滿一年，日本各地舉辦慰靈祭，岩手縣陸前高田市的慰靈祭現場莊重肅穆，被白菊圍繞的立碑以端莊的黑色毛筆字寫上「東日本大震災津波犠牲者之靈」，告慰著因地震、海嘯而離去的人。

東日本大震災津波犠牲

悼儀式；慰靈祭現場，人們身著黑色服裝，手持一株菊花，悼念一年前因天災而罹難的一萬五千八百五十四人，並祈求能尋回失蹤的三千一百五十五人。

默哀前，日本國歌緩緩響起，人們將一年來的悲傷、絕望以及無可奈何，全數寄託在簡短的歌詞中；隨著憂傷慢緩的音調，這首世界上最短的國歌，三十二個字未唱盡，許多人早已經泣不成聲。

三月，日本嚴寒，連東京都降下少見的大雪，但是救難隊員仍然天天下海搜尋失蹤的人們。三一一東日本大震災屆滿一年，但是悲傷並沒有隨著尚未尋獲的遺體而沈睡在海底，重建的艱難也並未隨著虔誠祈禱而看見曙光。

「加油日本」——這一句標語，仍舊可以在街頭巷弄或是大樓玻璃上看見；是的，日本仍需加油。

沿海禁建　鏟山造鎮

大災難一年之後，再走訪宮城縣氣仙沼市災區，一大片僅剩地基的地面布滿碎石，沒被連根拔起的大樓鋼鐵裸露，扭曲得彷彿在掙扎；而被海嘯衝擊上岸的「第18共德丸號」大漁船，依舊癱陳陸上……災難彷彿只是一個月前剛發生的事，看不見復興的跡象。

佐佐木義男就職的水產公司被海嘯沖毀，處於失業狀態的他，目前受僱於政府，主要職務是清除災區瓦礫。雖然正下著雨，他和伙伴卻沒有停下手邊工作，吃力地推起一車車廢棄物。「無論是下雨還是下雪，我們的工作從沒中斷過一天。但是已經一年了，災區感覺還是沒有什麼變化，說實話，有時候都不知道自己在做什麼。」

身爲受災戶，也投入國家復興工作，佐佐木義男對於緩慢的復興進度，只能無奈，「沒辦法，這一次災區範圍實在太廣了。」

三一一地震所觸發的海嘯波源範圍，南北長約五百五十公里，東西寬達兩百公里，創下日本海嘯波源區域最廣的紀錄，光是災後瓦礫的清除，就是浩大工程。根據統計，災區總共有兩千兩百五十二噸瓦礫垃圾等待清除，是岩手、宮城、福島三縣平均十五年的垃圾量，也就難怪爲何至今只清除百分之五。

瓦礫未清除最主要影響的，就是城市的重建工程。

住在氣仙沼市的齊藤信夫雖然在海嘯後撿回一條命，但是住家整個被連根拔起，住進臨時組合住宅已經一年，一年來任何大小重建會議，他未曾缺席，書架上一本本資料，詳細記載著每一次會議紀錄。

「我家離海岸太近了，已經被畫定是危險不宜人居，未來政府將收購這部分土地，不過目前收購的價格還沒談攏。」翻開一本黃皮資料夾，齊藤信夫指著其中一頁，紙張上五顏六色清楚指示未來的造鎮計畫。

許多東北人家的年長者，在海嘯後憶起祖先遺訓：「不能近海而居！」因爲海嘯之於東北海岸並不罕見，幾乎六、七十年就

佐佐木義男投入災後清掃工作已經十個月，
無奈氣仙沼市災區廣大，瓦礫垃圾不是勤奮
努力就可以清掃得完，他期待復興，卻不知
道前方的路還要走多遠。

瓦礫與垃圾的清除，是復興的第一步。氣仙沼市大量災後殘骸至今仍難以清理乾淨，外縣市又擔憂輻射不敢接手協助，只好堆疊一方，占去道路也阻礙復興。

會來一遭，一八九六年的明治三陸地震、一九三三年的昭和三陸地震，都掀起大海嘯，明治三陸地震更奪走兩萬一千多條人命。然而，依海維生的人們爲求便利，又慢慢往海邊遷移，因此每一次海嘯襲來，傷亡總是慘重。

日本政府痛定思痛，決定以行政能力畫分不安全居住地，並將原本居住於此的居民全數遷離。然而必須被遷移的人口這麼多，國土狹小，該往哪裏遷？成爲政府災後最大的課題。

政策陸續出爐，幾乎所有遷移計畫都跟齊藤信夫那張紙上的規畫一樣——鏟山造鎮。齊藤信夫翻出地圖，解釋著未來的居住地，「這是距離海岸大約二十分鐘車程的地方，現在是一座山，未來政府會將山剷平，規畫電力、水源管線，並蓋國營住宅，以低於市價百分之七十的租金供我們居住。」

如此大工程，最快也要三、五年；而組合屋僅能居住兩年，目前已經過了一年，顯見未來還有許多難題正在等著他們。但齊藤信夫不願多想，「多想只是煩心，目前我們能做的，就是安心

三一一地震前，妻子因病往生，獨留齊藤信夫與一室記憶。而今海嘯帶走所有，齊藤信夫移居組合屋，等待著再有一次勇氣，讓他跨過這道人生關卡。

等待。」

漁業復興　困難重重

安居地點，暫且還有等待空間；經濟面向，卻是一刻也不容緩步。

這次震源所在「三陸沖」，是太平洋親潮和黑潮交會的世界三大漁場之一，三陸沿岸包括岩手與宮城縣，有許多大型漁港，居民多從事漁業相關產業，在這次海嘯中受到重創，復甦的腳步沈重而緩慢。

著名的漁港城市氣仙沼市，魚市場水產課調查員櫻田眞樹，說明市民與海的親密相連，「這裏的人可以說百分之百都與漁業有相關。」

人們依海而居，海嘯引發全市大火，不僅住家、水產公司、漁船全付之一炬，連魚市場和港口也因爲地層下陷七十公分，陷

氣仙沼市，又稱為海的城市，以盛產魚翅聞名，是宮城縣主要的漁獲集散地。三一一海嘯重擊，讓它成為復興最艱困的漁港。

入岌岌可危的窘境。

漁業，是氣仙沼市的主要命脈，「如果失去海洋，我們就等於什麼都沒了。也因此，生活重建尚未開始，漁業的復興工程就已啓動。」魚市場與港口重整、海洋垃圾清理，費時三個月，終於得以在二〇一一年六月二十八日恢復出航。

櫻田眞樹談起復興，口氣一點也不快活，「港口重整至今，漁業恢復不到三成。以前平均一年漁獲生產淨值是兩百二十五億，去年降到八十五億，今年……提都別提了。」

清晨五點半的氣仙沼魚市場，災前的此刻，進港的漁船早已把港口擠得水洩不通，大批漁獲拖拽下船整齊排列，供批發漁獲的人挑選喊價；然而現在卻冷冷清清，二〇一二年三月八日這天，甚至只有一艘近洋漁船入港。

「漁港是恢復了，但漁民沒有錢買漁船、捕魚工具，又有什麼用？」鮮魚批發商千葉龍一坐在魚市場的休息室中，語氣間沒有忿忿不平，平靜得彷彿已經被海嘯沖走所有的情感，「我們這

清晨的氣仙沼魚市場該是人聲鼎沸，災後一年來卻因漁船頓減，收成不豐，僅剩寥寥幾人在漁獲間行走，喊價聲不再熱絡。

裏近洋的漁船幾乎都毀了，遠洋的也沒有了，能依靠的只有國外以及日本其他地方來的遠洋船，但因爲量少，價格都翻了好幾成。」

漁船、工具緊縮稀少，即使購買船隻沒有問題，但水產加工廠被海嘯衝擊得一家不剩，不能加工、沒有足夠的冰庫，漁獲即使多也只是增加損失罷了。目前，氣仙沼市只有港口復原，卻無法看到從前送往迎來的榮景。

原本應該是去觀魚出價的時間，千葉龍一卻待在休息室翻體育報紙，啃著冰冷的早餐飯糰，他不禁開起自己的玩笑：「我現在的工作變成看報紙。」他指著坐在自己三公尺遠，同樣也是鮮魚批發商的朋友說：「他現在的主要工作，是打柏青哥。」

三一一周年的前幾天，全國七十七家銀行提出復興金融應援計畫，提供低利貸款支援災區產業復興。對此，災區人們終能抱持一絲樂觀，「成效尚未能看見，但總是一線生機。」

中小企業　後援有限

雖然漁業要恢復到原本的盛況並不容易，但至少災後不久，在政府與銀行的補助下，得以緩步慢行；然而工商業部分，卻遲至三一一周年後，政府才施行補助措施。

目前政府規定海岸邊是不安全區域，無法民居，但是允許產業原地啓業，前提是必須興建防海嘯建築。「政府會補助總損失的四分之三。不過政策來得太慢，很多中小型企業來不及領到補助，已經宣布投降。」同屬中小企業老闆的花田薰說。

花田薰的公司在全日本有七家工廠，位於東北仙台的這間廠房，是最小也是員工數最少的一間；三十幾年的老廠房，做的是一般基礎技術面的工作，然而花田薰對它的感情卻相當深厚，「我是繼承父親的事業，這間廠房是我接手之後創立的。」

災後，廠房建築支架猶在，但牆面破洞連連，機器也全數毀損，損失超過三億五千萬日圓。「當時員工很擔心我將廠房收起來。想到他們都是大學一畢業就來公司的老員工，我不能這樣做。」

「我把二十二位員工派遣到各地廠房，由公司提供搬遷費和免費宿舍。雖然要離開家鄉，但還能有工作，他們都開心接受。」花田薰坦白，要不是自己還有其他六間工廠，他也沒有把握能替這些老員工保住飯碗。

爲了籌到重建基金，花田薰必須抵押其他廠房來貸款。「如果是一些個人企業，根本就做不到。保守估計，大概有三分之二的中小型企業都站不起來了。」

根據帝國資料庫顯示，震後倒閉、破產的情形直線上升，尤其是水產業、汽車零件以及中小型企業，負債額一千萬日圓以上的，倒閉達十七萬件，每天數據還在不斷翻新中；失業人數也相當多，受災人口中，約有四成仍處於失業的經濟困窘中。

站在已經破損的廠房中，花田薰指著二樓一方：「那裏原本供奉著一尊庇護海洋的神，但顯然祂的神力不夠。」太太是臺灣人，對臺灣歷史風俗頗了解的他，幽默地說：「重建之後，或許該把媽祖請過來，祂也是管海的，希望祂威力強大些，別讓海嘯再來了。」

災後一年　創傷症候群顯現

一名八十歲的老太太回憶，當海嘯襲來，她死命地緊攀窗沿，過了兩天，自衛隊才救下她。人們問她，那兩天心裏想些什麼？老太太說：「恐懼跟悲傷。泡在水裏的那兩天，不知道有幾千具屍體從我身邊流過。」

日本針對此次複合式災難的調查報告顯示，罹難者中有高達百分之九十二點四的人死於海嘯。雖遭海嘯吞噬家族、財產，但根據一項政府統計指出，仍有七成人口想回原地重建家園；畢竟那是祖先自古作息之處，養育著家族世代復興繁榮。但也有不少自小生於海邊、長於海裏的人都不願再看到海。

阿部澄子在海嘯過後即遠離家鄉，到組合屋避難，前些時候她接到家鄉傳來的一份調查，詢問是否回歸重建，她在贊成那格簽下名。「但是眞的到了能回去的時候，我不確定自己是否可以再接受那個靠近海洋的地方。」

畏懼海洋，如果是在六十歲之前，阿部澄子會大笑這是不可能的事。從小生長於漁夫之家，海水的鹹味是她最熟悉的味覺；長大嫁人後，丈夫擁有一支小型船隊，兩個兒子也以捕魚維生，她則靠撿海膽點滴累積一些額外家用，「撿海膽時，水都是到胸口的，現在我連海水都不敢接近。」

海嘯來的時候，熟悉的藍色海水，變成黑色的兇惡猛獸，捲走她與兩個孫子，幸好後來他們各自抓住住家欄杆和集雨管，「獲救之後，就不敢接近海洋了。」

兩個孫子在去年夏天也不敢靠近海邊，但今年已經有勇氣到海邊玩耍。「孩子的純眞讓他們恢復得很快，但是大人沒那麼簡單，現在正是我們心理狀況最慘的時候。」

三一一周年，不少避居外地的人再度回到陸前高田市的故鄉，找到舊家遺址，簡略在地上插一束花，家人圍繞，合掌祈求逝去的親人靈安。

三一一周年前夕，電視媒體大量播放周年專題，阿部澄子只要看見海嘯畫面就會崩潰，「好像回到那個時候，即使安穩坐在家裏，似乎隨時都會再來一個海嘯把我帶走。」

災後，辦理受災證明、生活補助，重建會議一個接一個，阿部澄子沒有時間悲傷。「在逃難的時候，我一心只想活下去；得救之後，活下去的念頭還很強烈。但是經過一年，情緒開始平靜下來，我突然感到非常害怕，害怕什麼?也不知道……」

「今年初，大抵已經恢復平常生活，突然有一天開始，一起床就會莫名流淚，胃也經常絞痛。到醫院求診，醫師說這是心理壓力造成的。」

她有個朋友失去丈夫與兒子，一直到現在，每天都必須服用鎮定劑才能生活。阿部澄子說，她們並非創傷症候群的特例，「大部分受災者都是。」

重建生活、撫平悲傷，是目前受災民眾最主要的生活步調，從現實生活所能看到的一切，自他們口中吐露的一字一句，一再

陸前高田市慰靈祭的白色帳棚內，前來悼念的人約有三千位，場外仍有數千人列隊等候，人人一身黑色素衣，神情嚴肅又靜默，等待著獻上菊花。

道盡生理、心理的重建工作並非想像中簡單。「加油」二字對他們來說，是一句勉勵，同時也是壓力；努力近一年，筋疲力竭，還要過多久，才能重返往日平靜生活？沒有人能給他們肯定答案。

共植櫻花　守護未來

日本地處太平洋海板塊、歐亞陸板塊與菲律賓海板塊交界處，地震和火山活動十分活躍。東北太平洋沿岸地區是著名的岬灣地形，容易匯集海嘯，並使其集中而升高高度，加乘破壞力；因此單是日本文科省的地震海嘯觀測系統，每年就花掉十二億日圓，加總其他耗資研究，經費超過百億。

日本於東北建造兩座世界上數一數二的防波堤，一座位於岩手縣釜石港的灣口防波堤，南堤九百九十公尺，北堤六百七十公尺，堤高從海底算起有六十三公尺，爲世界最深的防波堤，是依一百一十六年前死傷慘重的明治三陸地震海嘯防禦標準所設計。

另一座聳立在岩手縣宮古市田老町海岸邊，田老防波堤長度約兩千四百三十三公尺，海拔十公尺高，被稱爲「海上萬里長城」，是各國專家學者取經學習的重點之地。

「聽長一輩的人講，建造這座防波堤耗時長達三十年。」田老町町民加倉則雄站在防波堤旁，敘述著田老町民與海嘯對抗的慘悲歷史。

「自一六一一年以來，這裏總共發生過七次嚴重海嘯，帶走上千人；一九三三年那次，更幾乎毀滅全村，興建堤防的想法油然而生。」加倉則雄說，興建堤防的時候他還沒出生，人生四十七年來，得以在堤防的保護下安然成長。

「三一一那天，當海嘯警報響起時，我們都相信這座堤防會保護所有人。」災後，田老防波堤仍穩固地聳立著，把民居與大海相隔開來，然而加倉則雄腳下那片原是住宅林立的土地，卻已成廢墟。加倉則雄是個海上男兒，聲音豪邁又有力，然而再提起三月十一日那天，聲音微弱得快被急促的海風給吹散，「當天海嘯高達三十七點九公尺，直接跨過堤防，直襲岸邊的小山上。」

中國的萬里長城，守衛大片疆土百千年，但田老的海上萬里長城卻守不住當地兩百多條人命。此回海嘯最高紀錄達四十點五公尺，強力襲來，人力何能匹敵？田老堤防巍峨如前，卻已不再被人們信任；而釜石的灣口防波堤，更被海嘯衝擊得蕩然無存，零碎的建築體隨海漂流。

「我們害怕大家會忘記三一一，忘卻教訓。」橋詰琢見居住的陸前高田市是重災區之一，三十四歲的他，災後從報導中得知一千年前當地就發生過同樣規模的災難，「我和朋友一直在想，該如何為災區做一點事情。」二〇一一年八月，「三一一櫻花線」的想法於是成立。

「陸前高田市的受災海岸線總計一百七十六公里，我們在海嘯衝擊到最遠的地方，種下一棵棵櫻花樹，連成一條海嘯抵達線，提醒著這一代、下一代，以及未來百千年的人們海嘯的可

三一一周年，來自全國兩百五十位志工齊聚岩手縣陸前高田市，在海嘯衝擊最遠之處，每隔十公尺種下一棵櫻花樹，期許每年櫻花盛開時，提醒著人們莫忘三一一教訓。

怕，千萬別再依海而居，莫犯下跟我們一樣的錯誤與慘劇。」

橋詰琢見計數著，要完成海嘯線的栽種計畫，以每棵櫻花樹相距十公尺來算，預計要種植一萬七千棵才得以大功告成。雖然至今才栽下兩百七十棵櫻花樹，距離目標甚遠，「但我們勢必得完成。未來難得不會再遭遇海嘯，如果因爲有櫻花樹的提醒而少失去一個人，此項行動就有意義。」

人們總是健忘的，自古以來，多少人命的犧牲一再提醒大家莫再依海而居，但慘絕的傷痛，總是隨著疤痕癒合，在記憶中了無蹤跡。

「櫻前線」，是指日本各地櫻花開花日期的地圖線，每年三月由日本氣象廳預測並發表。櫻花在日本的綻放日期，通常集中在每年三月底四月初，但因全球暖化，近年有提早開花的現象。

「春天賞櫻是傳統習俗之一，希望每年人們在賞櫻之餘，也能永遠記得那場毀滅性的災難。」橋詰琢見的櫻花線，在明年三月盛開時，不僅將美麗這條破碎的海岸線，同時也讓人們在看見這群粉色小花朵時，能憶起二〇一一年的三一一大震。

櫻花，被視作日本精神的象徵，如今也成爲「莫忘三一一」的記憶象徵。有如橋詰琢見所說：「日本人不僅要加油，還要記取教訓，走向未來。」

最幸福的事

撰文／凃心怡　攝影／蕭耀華

「有熱熱的食物可以吃，是最幸福的事！」災後整整半年，重災區釜石市學童的午餐幾乎都是飯糰或麵包；慈濟及時伸援學童兩學期的營養午餐及校車接送費用，減少受災家庭經濟負擔。

「地震、海嘯、核災」三一一複合式災難，世界少見，死亡人數創日本二次世界大戰後新高。然而逝者已矣，存留下來的人依舊得面臨艱困的命運。

災難空前巨大，重建腳步緩慢，尤其海岸線沿區，漁業、水產加工業百廢待舉，復興之路遙遙。一開始，物資貧瘠，斷水斷電讓熱食一份難求；而後，人們棲身避難所與組合屋，不只生活迥異過往而難以適應，心理創傷亦隨之而來。而目前最艱困的狀況，是受災人口中仍有四成處於失業當中，影響不只生活溫飽，連帶孩子的教育也受波及。

二〇一一年六月，當慈濟見舞金發放剛進行到一半，志工就已經放眼未來災區困頓。六月十二日在釜石市完成見舞金發放，一個多月後——八月二十九日慈濟即與市府簽約，從八月十八日到二〇一二年三月底，援助全市三千七百八十三位學童兩個學期營養午餐費。

對此，慈濟志工小野雅子解釋著援助的目的：「災後重建並非一朝一夕，付出的精神、財力都是無法想像的重，如果家長能省下孩子一餐飯的錢，對於減輕負擔不無小補。」

落實防災演練，造就「釜石奇蹟」

岩手縣釜石市在三一一災難中，罹難與失蹤人數一千零四十六人；全市國中小學生約有兩千九百人，除了五名學生不幸罹難，其餘學童均安，被譽爲是「釜石奇蹟」。

三月中旬，正值新舊學期交替，多數學校中午即讓學生返家。白山小學校校長廣長秀一還記得那一天，學校有大半孩子留在校園中玩耍；下午兩點四十六分，一陣天搖地動，他往校長室窗外看去，「大孩子馬上把小孩子集合起來，我內心很感動，這代表平常的防災訓練已經扎根在他們心裏。」

白山小學校是一所僅有九十八名學生的迷你小學，雖然校名有個山字，也建於高地，但若從空中俯望白山小學，其建築體有如一艘船，船頭不偏不倚正向著釜石港。「災難來臨時，我們學校就是一艘避難的船。」

震後三十分鐘，住在低地的家長與學生紛紛抵達學校。「這裏的人都知道大地震後可能會引發海嘯，要立即在三十分鐘內逃到安全的地方。」果不其然，三十分鐘後海嘯奔騰捲來，白山小學校下的社區慘遭全毀。

釜石自古以來就是一個易受海嘯侵襲的地方，居民和學生都得接受特別的防災訓練。推動這項防災教育的關鍵人物是群馬大學片田敏孝教授——他在海嘯研究中發現，釜石在歷史上屢次遭受海嘯侵襲，但距離上一次海嘯已有幾十年，人們漸漸淡忘；加上海上興建登世界記錄的防波堤，讓居民降低危機意識。所以他從二〇〇三年開始，長期針對釜石市學童進行防災教育。

有別於日本各地學校一個月一次防災演習，釜石市一個月演習兩次，家長每年也要陪同演習至少一回。

「孩子們說，地震之後他們幾乎是反射性地往高處避難。」面對外界直呼的釜石奇蹟，廣長秀一正色反駁：「並非奇蹟，是平時的訓練。」

廣長秀一表示，防災訓練不單是簡單地指示往高處避難，也包含各種身處狀態的假設。「演習中預練了你是在屋內還是在屋外，是在學校、山上、海邊或商圈中，不同的情境有不同的逃難方式。除此之外，學校隨時都備有避難食糧，並定期檢查保存期限。」

災後，學校緊急準備安置空間，並分工造冊，以利家屬尋人；老師也兩三人爲一組，徒步到各個避難中心，確認班級學生平安。

災難來臨一瞬間，平日演習發揮最大的作用，廣長秀一皺眉嘆氣：「災後的問題，才眞正令人頭痛。」

飯糰麵包換成熱飯熱湯

全市供應營養午餐的給食中心，因爲機器泡水受損，無法立即啓用；臨時組合住宅建造耗時費工，並非一時半刻可以完成，多數家庭居住在避難所，亦無法煮食供孩子帶便當上學；加上停水停電、對外交通運輸困難，從三月到九月整整半年，孩子們在校午餐幾乎都是麵包與飯糰，好一點還有一瓶牛奶，營養堪慮。

「給食中心修復之後，恢復正常供餐，但困境仍然圍繞著我們。」廣長秀一解釋，釜石市民從事水產加工與漁業的人相當

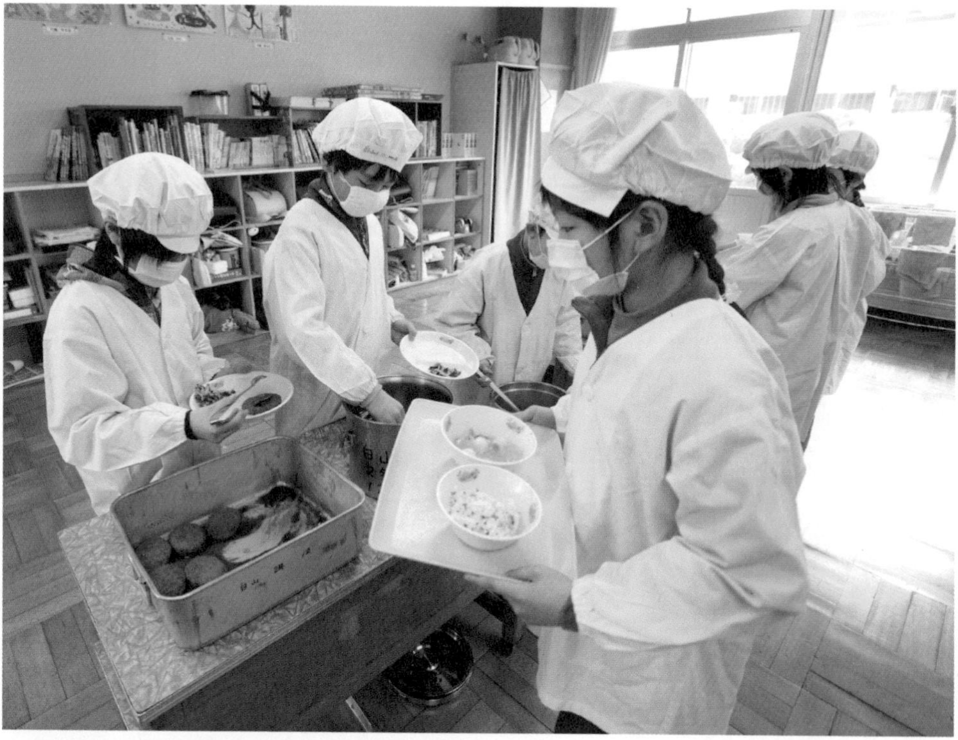

中午時間，白山小學校學生身著乾淨的打餐服，井然有序地盛裝餐盤。慈濟援助釜石全市三千七百八十三位學童兩學期的營養午餐費，減輕受災家庭的經濟壓力。

多，災後水產公司破損無法復業，漁船工具流失，家長經濟陷入困境，「目前我們學校仍有三成學生需要仰賴政府的助學補助。」

日本國民義務教育至初中，只要就讀公立學校，舉凡學費、書籍都由政府全額買單，學生僅需繳交營養午餐費以及教材費，「但是家長連這些錢都付不出來。」廣長秀一說，三成還只是保守的數目字，很多家庭時常都得拖延到每個月最後一天，才又抱歉又慚愧地繳納營養午餐費。

目前，政府對於災區的失業補助已告一段落，雖然依房屋毀損、傷殘等也訂有補助條件，但這些錢畢竟只能用於一時，只要一天沒有工作，連生活一個小時都是負擔。

中午時間，孩子們穿上白色圍裙，頭頂白帽，被口罩遮掩的大半臉，露出一雙雙明亮眼睛，他們兩人一組抬著裝有熱飯熱菜的不銹鋼桶；營養午餐內容豐富，有漢堡排、味噌湯、涼拌菜，連白米飯都奢侈地撒上紫菜增添香氣。

這樣一頓營養均衡的午餐，並非因爲家長經濟有所好轉。「二〇一一年九月，我們接到市政府通知，來自臺灣的慈濟基金會將補助所有學生營養午餐費用。」廣長秀一感謝的語氣中帶有驚訝，「受補助的不僅是有困難的家庭，而是全市初中、小學以及幼稚園的學生。」

「受災後，孩子們有很多的煩惱和心理障礙，如何讓孩子在安心的環境下求學，對我們來說最大的困難就是財源問題。」釜石市市長野田武則表示，慈濟的伸援，不但幫助家長解決燃眉之急，連小朋友也表示，一天當中最期待的就是這一餐，「有熱熱的食物可以吃，是最幸福的事。」

●

參與簽約的慈濟志工小野雅子，至今都還記得當初釜石市教育委員會一位先生提出要求的神情和語氣。

那是一個即將退休的老人，長相誠懇又帶有東北人的樸實，當他發現家長的困境後，主動向慈濟提出請求：「見舞金發放之後，是否也能補助孩子們的營養午餐呢？」語畢，他不好意思地馬上接話：「如果不行的話也沒有關係、沒有關係。」

慈濟志工立刻將訊息回報臺灣，證嚴上人認為與其補助部分學生，應該一視同仁，於是很快就同意補助整個釜石市中、小學以下學生營養午餐費用，不僅如此，更貼心提供校車接送費用，讓小朋友們能夠安全穿越遍布瓦礫的土地到學校上課。

單單如此的營養補助以及校車通勤經費，就超過一億日圓。但對慈濟志工們來說，若能將每一分錢用來分擔家長的憂愁、成全孩子成長所需的營養，那麼其所代表的意涵，就不是言語跟金錢所能比擬的。

無論是漢堡排或味噌湯，熱熱的營養午餐是孩子們的最愛，告別冰冷的麵包與飯糰，孩子們吃得津津有味。

福島人「核」去何從

撰文／涂心怡　攝影／蕭耀華

日本政府承諾用兩年時間為核災地區除污，讓居民回到原地生活，估計將投入一兆日圓。烏克蘭車諾比奮鬥二十多年未能達到的目標，這一兆日圓是否猶如石投大海，仍是未知數。

三一一大災，海嘯帶走人命家財，如何復興殘破不堪的海岸線，成爲日本最頭痛的問題。

惡夢還不僅止於此，福島第一核電廠四個原子爐事故，造成輻射外洩，輻射量遠超過第二次世界大戰兩顆原子彈的能量，達國際核事件分級第七級，與烏克蘭車諾比核能事故同登世界第一；猶如對日本的政治、經濟投下一顆震撼彈。

車諾比核災至今邁入第二十六年，當初在十天內製作石棺將

福島縣南相馬市的邊界，距離發生事故的第一核電廠僅有二十公里，目前已經架起閘口，警察守候在前，禁止外人進入。

輻射能封閉起來，至今石棺腐朽，半徑三十公里內仍無法接近，高濃度輻射依舊默默地侵蝕著那片土地；人們以二十多年時間研究解決方案，仍舊束手無策。

被海嘯破壞的房子，尚能重建；敗壞的產業，只要勤懇，依舊能夠復興；然而，核能所造成的破壞與強大風險，成為三一一重建最艱難的工程。

「自肅」改變用電習慣

受損的核電廠位於福島，電力卻是提供給東京地區，也因此東京供電首當其衝受影響。

核電廠災變之後不久，東京人民發起「自肅」行動，自我節制約束用電。

密集的地下鐵路在初始三天幾乎停駛，用電斷斷續續；直到災後半年，離峰時期都以縮減班次節省電力。走進各個公共場

行走東京街頭，無論是商家、地鐵甚至飲料販賣機，四處都可以見到節電措施的呼籲海報，居民依照實施。災後一年，海報仍然完好地張貼著，但是人們生活已經恢復，明亮的燈泡一如災前，閃耀著日本首都。

合，淺藍色的省電海報張貼在最醒目的位置，一向燈火通明的車站、地鐵，關閉一半以上燈管，就連路邊的投飲機，也停止亮燈系統。

夏日到來，自肅行動仍在進行中。走進銀行，行員幾乎不打領帶，並貼上告示——「很抱歉，爲了節約用電，我們必須以便裝接待您。」

旅居日本二十五年的千賀吉玖子永遠忘不了那天返回東京時，在飛機上往下看到的東京，「一片黑暗，就像是一座死城。」她感嘆道：「當時的東京街頭讓人感覺很寂寞，不聚會、不點燈也沒有夜間球賽，很明顯可以感覺到國難的氛圍。」

自肅行動只是調整生活習慣，並無執行上的困難；但是輻射外洩卻讓人坐立難安——人們不再敢飲用自來水，礦泉水成爲最熱門的商品，有時好不容易找到有存貨的店家，一人也只能限購一至兩瓶，飲水頓時成爲奢侈。

靠近福島地區的農漁民更是叫苦連天。

昔日，宮城縣北上川流域附近的仙台平原，所產的稻米品質在日本稱得上數一數二，通常在三月初栽種、九月底收成，每年新米一出，大家就急著搶購；但是災後走入米店，舊米反而成爲搶手貨。

直至今日，只要是印上福島、東北等地出產的，待遇就如同宮城縣的新米，乏人問津。東北三縣，又該如何復興經濟？人們也開始省思，是否眞有需要繼續以核能發電？人命與便捷，能放在秤砣上比較衡量嗎？

有「地震國」之稱的日本，核電廠數目多得驚人。一九六六年核能設立，至今不到半世紀，日本已經擁有十七座核能廠、五十四個原子爐，興建中兩個、計畫興建十二個，躍升世界排名第三的核電大國。

核災過後，全島五十四部核電機組，僅存兩組運轉，預估最快會在二〇一二年夏天歸零。目前取代核能發電的，是原有的火力、水力發電，並積極開發智慧電網、太陽能發電廠以及海上風

au
meiji

東京夜晚街頭燈火通明，這如銀河般的絢麗，與災難發生的前幾個月大相逕庭。一年後的今天，即使關閉核電廠，靠著火力、風力以及水力發電，東京還是走向昔日的璀燦。

力發電等，補足核能電力的缺口。

海嘯擊破核能神話

輻射污染無色無味無形，卻能在瞬間破壞一切——清澈的飲水變成毒水，飽滿稻粒成爲致命毒藥，海洋生態更是難逃一劫。隨著輻射塵的飄動，連距離福島兩百五十公里外的東京，每天都得心驚膽顫看著公布的輻射値度日。

福島第一核電廠方圓二十公里內的居民全數撤出，被迫遷離家鄉在外避難有六萬兩千人，原本安居樂業的土地，已被判定不能再種植，鄰近海洋也禁止捕魚。

三一一周年當天，一萬多人點燃白色蠟燭，抗議核電廠繼續運轉。不過這番情景，在四十多年前決定開發核能時，是完全看不見的。

福島縣大熊町因爲距離核電廠近、輻射濃度高，三月十二日清早就已全町撤出，目前町民散居日本各地，最遠甚至到北海道。大熊町町長渡邊利剛回憶當初設立核電廠時，直說心態是「與有榮焉」。

「日本國家小，又沒有天然資源，所以特別依賴核能，只要一點點燃料就能創造出極大的能量。核能對當時的人來說是一個夢想，對戰後的日本更是一股復興能量。」

渡邊利剛坦承，大家也認知核能相對帶來的危險與破壞力，平時有固定相關的防災訓練，比方輻射如果外洩，醫院病患要如何輸送，居民該往哪個地方避難等，規畫相當縝密。

「然而，科學家與專家一再保證，我們也認爲可以與之和平相處，把核能安全神話了。如今想來實在太不可思議，且看福島核電廠就蓋在海邊，日本地震多，還容易引發海嘯，根本是非常不恰當的行爲。」

二次世界大戰後，身爲敗戰國的日本，面臨經濟社會的種種難題，爲求經濟發展，引進當時最先進的核電技術，期以此開拓經濟格局。四十多年來，核電不負眾人期望，成爲日本經濟起飛的重要功臣之一。

大熊町町民荒井覺最能實際體認。六十四歲的荒井覺回憶小時候的大熊町，直說與現在根本不能比較。

「以前我們那裏很窮，年輕人外流，只有新年和掃墓才會返家。核電廠進來之後換了一個樣子，町裏有七成以上的人，在核電廠以及相關產業工作。」

核電廠提供大量工作機會，給的薪資也不小氣，讓鄉下人得以在家鄉有翻身的機會。「我不能明確地說他們的薪水有多少，但是這幾年來，在核電廠工作的人都有能力蓋起漂亮又寬敞的新房子。」

爲何要建造核電廠？這個讓人費解的問題，且看四十年前因爲它而振興的實例，也難怪會令人趨之若鶩了。

談起是否反核電，荒井覺沈默一會兒，表白之前，特別強調這只是他個人意見，「我的心情很矛盾。」

撤退之後，爲了避開輻射能量，他們輾轉逃命七次，才終於在現在這個地方安頓下來。荒井覺常常自問：「爲什麼我有家卻不能回去？」

「但是人要生存，第一要件就是民生，如果沒有核電廠，我們大熊町又要回到貧窮沒有一切的原始生活。不只我們那裏，現在關閉核電廠，全民必須負擔電力調漲，整體民生都深受打擊。」荒井覺幾番解釋考慮，最終才替自己理出一個決定：「如果是我，我會贊成核電廠繼續運轉。」

其實，與荒井覺有相同想法的人並不少。比如靜岡縣核電廠，地理位置與福島核電廠幾乎大同小異，危險性更甚，福島核災之後不到兩個月，中央下達停止運轉，引起居民抗議，因爲當地有近八成的人都賴此維生。

衡量全國安全，核電廠關閉已是既定事實，經濟潰盤的不只是核電廠附近居民，災後的賠償更讓日本政府與東京電力公司陷入龐大債務危機。

東京電力公司確定在二〇一二年六月提高百分之十五的電費，彌補經濟缺口；日本政府承諾要用兩年時間，爲核災地區除污，讓居民能夠回到原地生活，估計將投入一兆日圓。

車諾比奮鬥二十多年未能達到的目標，這一兆日圓是否猶如石投大海，仍是未知數。

談起核電廠是否應該繼續運轉，內心矛盾拉扯的荒井覺最終還是舉起手，大聲地說：「贊成！」他認為，生存第一要件是民生，居民七成以上從事相關工作，如果沒有核電廠，大熊町恐怕又會回到過去貧窮的生活。

雙葉町人的故鄉夢

撰文／慈皎、林家慧

生離死別是苦，有家歸不得，也是苦。地震、海嘯、核災，釀出三重苦的餘味，對雙葉町居民來說，是一分吞不下口，似乎到了極限的苦。

位於福島縣沿海的雙葉町，就在距離福島第一核電廠三公里範圍內。核災發生後，受到輻射嚴重影響，町長帶著全員緊急撤離。一年來，數百個家庭、六千多個居民，除了有家歸不得的痛苦，還要承受對看不見、聞不到也摸不著的透明輻射的恐懼。

核災情勢穩定後，雙葉町居民被允許短暫回鄉拿取物品，但必須遵守以下規定——穿戴全身防護設備，入禁區時間不超過五小時、下車不超過三十分鐘。

災後一年，我們和慈濟志工吳慈涓、井田音心一行四人，遵守一切規定，在基本安全無虞下，跟著在埼玉縣騎西高校避難的雙葉町居民，歷經三個半小時車程，踏上他們的回家路。

輻射禁區　迢迢回家路

一進福島縣，路上車輛明顯變少，我們車子的時速一路維持在九十公里，直到抵達雙葉町前的檢查哨，車行速度愈放愈慢，最後緩緩停住。

即將踏入輻射禁區那一刻，心裏有些忐忑；但掛念著能爲這裏多做點什麼，我們認眞做了抉擇——繼續往前進。大家穿上白色防護衣加上兩雙手套、塑膠腳套、三層口罩，嚴密包覆全身。

幾個巨大告示牌上，濃濃紅色大字寫著「立入禁止」。管制人員仔細檢查每輛車的申請證件、核對乘客身分、人數，嚴格確認後才放行。

當車子開進雙葉町，一路高聲談笑的幾田先生突然安靜下來；空調停止對外循環，車內凝結出一種沈悶的空氣。我們看著手上的輻射偵測器，數字不斷升高，從零點二跳到二十；當遠遠看到福島核電廠的煙囪時，附近沒有其他遮蔽物，數字飆升到八十，代表每小時的輻射值超過八十微西弗。我們心跳的速度也隨著數字升高愈來愈快，幾乎要跳出胸口。

「那是我媽媽出生的地方。」經過一處加油站時，幾田先生突然冒出這句話；我們跟著他回頭再深深看一眼……隨著車子緩緩前進，大家又恢復沈默。

沿路所見，到處都是斷毀的路、沒有清除的瓦礫，彷彿是個被遺棄的地方。經過雙葉厚生病院，看見前方看板出現一句標語：「核能照亮未來」，對照現在的情況，顯得格外諷刺。

「這就是鄰居相良先生的家，在地震中倒了，很大一間喔！」順著幾田先生手指的方向，我們看到一間七零八落、二樓成了一樓的房子，屋瓦掉落一地。

「核能照亮未來」，這句標語掛在福島縣雙葉町空盪盪的街頭上；如此斗大的標語，在災後成了醒目的諷刺。

（攝影／吳慈涓）

車子從大馬路轉進一條幽靜小路，經過幾棵大樹、一叢竹林，小小的高臺上有一棟別緻的咖啡色建築物。幾田先生介紹：「這是町長先生的房子，很棒的地方！不過這裏的輻射値太高了，請不要下車。」

我們能想像，曾有一盞溫暖的昏黃燈光，透過窗櫺照亮這條小路；但沒有人想得到，這個曾經美好的家園，現在會成爲這樣的死寂空城。

寂寞雙葉町　幾田先生的家

空無一人的巷道，樹叢裏竄出幾隻小鳥，朝天空飛去。

幾田先生站在路上，抬頭細細打量眼前的兩層建築物，停留大約二十秒後回頭告訴我們：「這是我家。」一百五十坪對日本人來說，是間大房子。

原本想從旁邊的小門繞進去，卻發現門口被木板封住了，幾田先生回到正門口，從褲子口袋掏出鑰匙，打開一扇鐵捲門。

這串鑰匙，他一直帶在身上。「這是我第五次回家。」

回家，有多難？是不是像這樣拿出鑰匙，打開門進去就好？

二○一一年三月十二日，雙葉町全體奔往境外避難，幾田先生跟兒子只來得及帶三件毛毯和幾千日圓現金。快一年了，這是他第五次回家，每次不超過三十分鐘。

生離死別是苦，有家歸不得，也是苦。

地震、海嘯、核災，釀出三重苦的餘味，對雙葉町的居民來說，是一分吞不下口，似乎到了極限的苦。

走進屋內，一樓是店面，有四個超大型冷藏庫；擺放貨物的櫃子倒了，各式各樣的洋酒散落在地，仍然維持地震後的樣子；收銀機被撬開了，抽屜向外張開一半。再往裏走是一間二十幾個榻榻米大的起居室。

「真的沒想過，居然沒脫鞋，就這樣踩上榻榻米。」幾田先生輕輕撫拍著櫃子說：「回來了。」

「這裏只要再整理一下就好了啊！」幾田先生對著空氣喃喃自語，然後從櫃子裏拿出西裝，再小心關上櫃子的門。這個時候，他忽然想起我們就跟在後面，回頭笑著對我們說：「這裏以前眞的很棒喔！」

回到家，卻不再被熟悉的溫度包圍。他隨手扶起兒子歪斜的球隊團體照，「我明明是回家，卻要包得緊緊的，打扮得像是小偷一樣，眞是的！」他笑著說。然而我們從他的眼睛裏，看不到笑意。

幾田先生家的輻射值，落在十幾微西弗的位置。一般來說，正常的輻射背景值，一個小時約零點二微西弗；雙葉町大部分地方的指數，都落在二十幾、三十幾；只有經過福島核一廠時，在車內就偵測到超過八十微西弗。

雙葉町的海邊，輻射值只有一點多微西弗。這裏是每個雙葉町孩子，從小玩到大的地方。「小時候，我會帶著媽媽捏的飯糰，跟鄰居小孩一起到這個海灘玩一整天，完全不想回家。」

地震引發大海嘯，讓眼前的海灘流失大半，海邊的時鐘指針凍結在三點三十六分。

「以後，再也看不到小孩子在這玩了。」幾田先生的眼睛，露出一絲快要克制不住的抽搐。

一輩子拚搏，一瞬間化爲烏有，幾田先生沒有怨言。「在海嘯、核災來臨前，雙葉町是個美好的地方，有美麗的山、美麗的海。核電廠帶來工作機會、建設經費，跟地方共存共榮。」

在雙葉町生活五十年，烏黑的頭髮隨著歲月斑白，對幾田先生來說，人生就是這樣，像是一顆七彩玻璃珠，好的壞的都要接受。

「雙葉町因爲核電廠，留住了年輕人，最盛時期地方上超過九成的人都在核電廠工作。因爲核電廠，雙葉町曾經擁有美好的生活；但也因爲核電廠，我們幾乎失去了所有。」

我想起在騎西高校，就「住」在幾田先生隔壁的相良信義，在被幾個箱子隔出的空間裏面，也曾拿著照片告訴我們：「我跟幾田是鄰居喔！我家的房子好幾棟，還有車庫，很大喔！」

此刻進了雙葉町，看到幾田和相良先生的家；比鄰而居的記憶不只是共享而已，更是一種連繫。

離開時，幾田先生拉起窗簾，再小心鎖上鐵門。雖然，家已不成家。

幾田先生笑稱，自己現在住在埼玉縣的「騎西大廈」（騎西マンション）。不知何時能重溫雙葉町的故鄉夢？即便眼下沒有自己的房子、自己的家，幾田先生強調，不會因此而反核。

「那都是因爲人『要』用電，『要』用那麼多的電。眼前除了核能發電，幾乎沒有其他更有效的發電方式。」

如果可以重新來過，還會選擇住在核電廠附近嗎？幾田先生聳了聳肩告訴我們：「希望大家以雙葉町的經驗爲鑑，如果無法確保安全，寧可不要核電。」

町長的悲憤　堅持守護下一代

「去年三月十二日以後，町長就不停流鼻血，全身的汗毛都掉光了！到現在還是會流鼻血。」幾田先生這麼形容町長，卻遲遲沒有講出這兩個字：「被曝」。

日文裏的「被曝」，指的是受到輻射污染。在核災之後，似乎成了一個難以碰觸的痛點，只要想到這個名詞，就引來心裏一陣刺痛。

「三月十二日那天下午，在雙葉厚生病院外面廣場，我跟職員、醫護人員正撤離病患，總共約三百人，聽見核電廠方向傳來爆炸聲。」雙葉町町長井戶川克隆說：「我們望著天空，像下雪一樣，飄下了隔熱材料似的碎屑，飄到衣服上發出『滋——』的聲音，那時候我就想：完蛋了！」

當時，所有的人都不知道核電廠發生什麼事，也不知道會有什麼後遺症。「那些碎屑飄到衣服上，我們不知道該怎麼辦，只好用手拍掉！」井戶川克隆說。

這段受到輻射污染的經過，遲至二〇一二年一月，他才對外透露。

「絕對沒有辦法原諒！」井戶川町長以嚴厲的口吻批判著：「說謊，是最不應該的事，完全失去誠信，也讓人無法因應緊急狀態。最近電力公司又對外宣布，要把雙葉町和大熊町作爲輻射污染物儲存場。完全沒有跟我們商量！」

受災的雙葉町，彷彿成了祭品。這樣殘酷的現實，讓他完全死心。

原來，當初他也是在這樣的心情下，做出帶著全體町民遠離福島縣的決定，從雙葉町逃到了遙遠的埼玉縣。

這樣的決定被許多人質疑，這麼重的責任怎麼扛？

「我相信，撤離的決定是對的！歷史會說話，雖然現在說得還不多。」町長輕輕抬了一下手，繼續說：「過去一再跟我們強調，核電廠是安全的；事情發生後，也沒有跟我們說清楚狀況。這場災變，不但讓我們年輕人失去了過去，也失去了未來。」

爲了守護居民，町長決定帶著大家離開故鄉；爲了守護下一

福島核電廠爆發輻射外洩事故後，居住在周圍二十公里內的居民全數撤離，僅在政府核可的日期返回自家拿取生活用品以及重要文件；回家民衆須身著白色防輻射衣，由此可見無色無味的輻射污染所帶來的威脅性。

（攝影／吳慈涓）

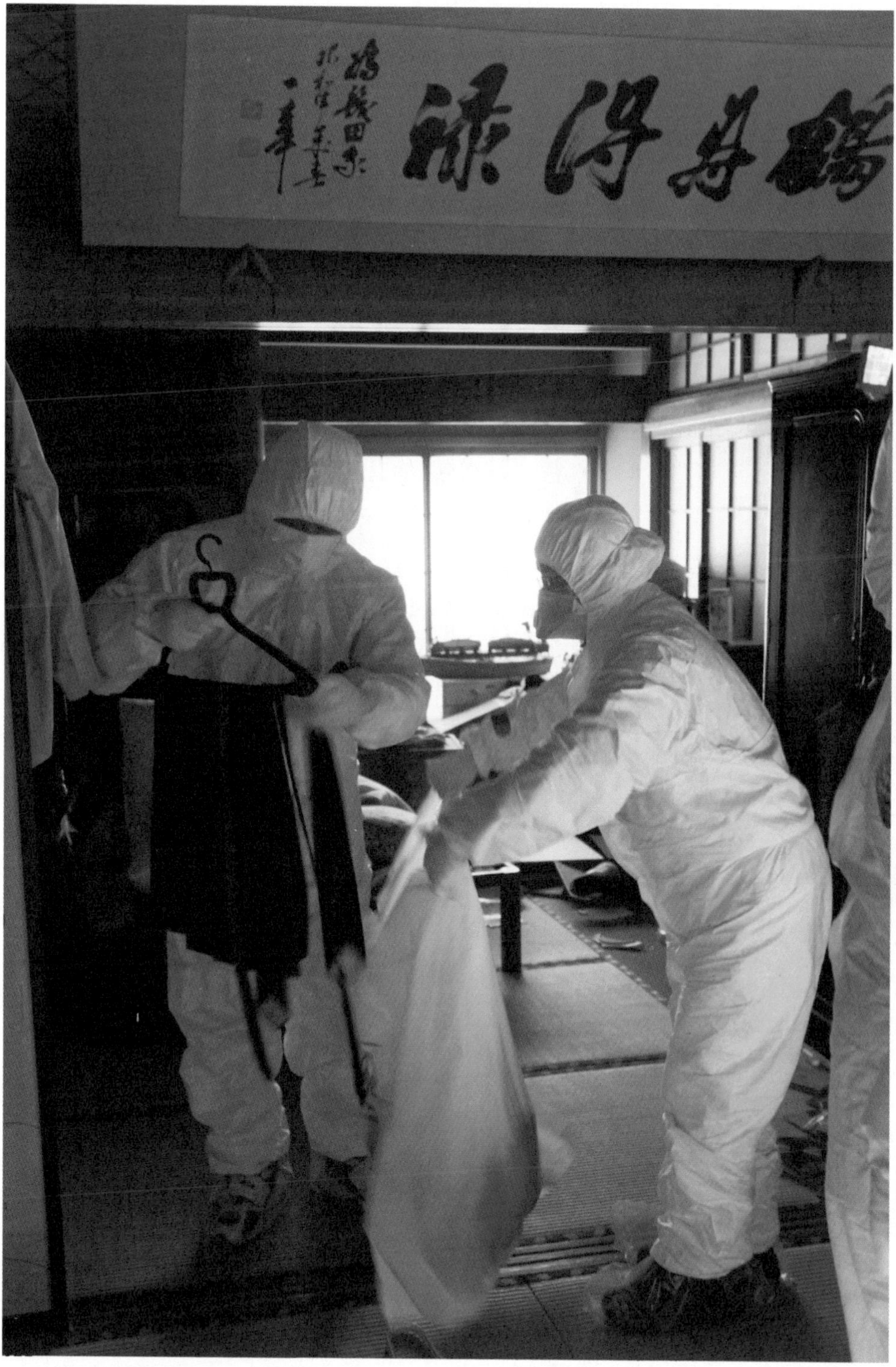

代，寧願永遠捨去回到故鄉的期待。「大人肩頭上有責任——要對孩子們負起責任。輻射對孩子們的影響很嚴重，比我們大人嚴重許多，絕對不能讓他們在那樣的地方生活，絕對不能！」

「町長沒有想過自己嗎？」聽到我們這麼問，井戶川克隆再也忍不住眼淚奪眶而出。

他拿出一張照片，照片裏有一棟三角形的白色建築物。「這是雙葉町的海邊，上次有人回去拍來的，洗出來放大送給我。」記憶，是有溫度的，町長露出淺淺的笑，整個房間彷彿溫暖了起來。「過去我們的孩子經常在海邊玩，海邊有漂亮的樹林，還有露營區；我有空也常到那裏散步。」

停了一下，町長的笑容不見了。「你有沒有看見上面的時鐘停在三點三十六分。知道爲什麼嗎？那就是海嘯來襲的時候！」

矛盾故鄉情　離不開也回不去

雙葉町居民近七千人，目前全數在外地避難；除了騎西高校五百多人，也有部分人回到福島離雙葉町更近一點的地方，有的住進組合屋，有的住進政府租賃的公寓。

二〇一一年十一月，在郡山市富田町的組合屋一完工，谷本雄一就從騎西高校搬回福島。小小的客廳加上兩間房，谷本先生拿輻射偵測器測了一下，這裏的輻射值大約零點三，他說最高曾經出現每小時二點零微西弗。

雙葉町居民在二月下旬，都拿到一個白色輻射偵測器，彷彿平安符般掛在身上。「不管到哪裏，我都掛在身上，測一測沒問題，我就安心了，安心了啊！」

因爲核災，他們甚至被剝奪了夢想的權利。

「我眞的不想離開福島，不想住在別人的地方。」他指著一輛白色車子，上面掛著いわき的車牌，告訴我們；「你知道嗎？現在別人只要遠遠看到福島的車牌，就會趕緊走開。我眞的很希望大家能夠理解我們的處境，畢竟核電廠發的電，不是供給我們

福島縣南相馬市的火力發電廠正噴出濃濃白煙；關閉核電廠，回到傳統火力發電之餘，更應重視環保與安全的能源發展，以及呼籲人人珍惜資源。

（攝影／蕭耀華）

P

雙葉町用的啊！」

因爲輻射污染，有人沒辦法回到故鄉，有人因爲擔憂而離開。雖然對雙葉町居民來說，現在故鄉回不去了；無論如何，對故鄉的記憶，會一輩子留在心裏面。

嚴重的輻射污染區，復興工作遲遲無法進展，也因此福島復興的腳步遠遠落後其他地區。日本學者估計，福島縣受輻射污染的土壤除污工作，最少要花八百兆日圓，等於日本十年的國家預算；但目前政府編列的除污預算遠遠不足。

●

從小到大，從來不覺得「故鄉」有什麼，因爲它一直在那裏，好像從來不會改變。

直到這次離家遠了，進入災區，陪伴雙葉町居民走過這條回家路；回到臺北後才猛然發現，「故鄉」這名詞早已成了心裏最重要的精神支柱跟象徵；那些曾經以爲已經淡忘了、或不在了的記憶，頓時一股腦湧上心頭。

希望雙葉町的人，能帶著被遺忘了的幸福和感動，進入下一輪的生活。

每一次的毀滅，都會帶來一次重生。無論如何，總是要面對不可知的未來，那麼，就繼續前進吧！

愛，心懷祝福

二○一二年三月十一日，日本北方氣溫降至攝氏零度，在岩手縣陸前高田市災區一片幾乎荒蕪的殘破土地上，立著幾座大型冰雕，那是藝術家為了悼念罹難的人，也為活著的人心懷祝福雕下的。

（攝影／蕭耀華）

zero

絆！一起向前

宮城縣石卷市，有一群在災難後倖存下來的人，他們靠著相互鼓勵和打氣，重新生活；即使如今已離開避難所分居各地，大家仍不時邀約相聚，關心彼此近況。

（攝影／蕭耀華）

地球村系列001．日本

走過311 重新定義幸福 下

撰　　文／葉文鶯、涂心怡、李委煌等
攝　　影／蕭耀華、林炎煌、黃世澤等

創 辦 人／釋證嚴
發 行 人／王端正
總 編 輯／王慧萍
主　　編／陳玫君
採訪召集人／呂祥芳
編　　輯／涂慶鐘
日文翻譯／日本慈濟分會志工、慈濟日文組志工
校對志工／張勝美、李秀娟
美術編輯／林家琪
出 版 者／慈濟傳播人文志業基金會
　　　　　中文期刊部
地　　址／11259臺北市北投區立德路2號
編輯部電話／02-28989000分機2065
客服專線／02-28989991
傳真專線／02-28989993
劃撥帳號／19924552　戶名／經典雜誌
製版印刷／新豪華製版印刷股份有限公司
經 銷 商／聯合發行股份有限公司
　　　　　23145新北市新店區寶橋路235巷6弄6號2樓
電　　話／02-29178022
出版日期／2012年3月初版一刷
　　　　　2012年6月初版二刷
定　　價／全套新臺幣500元（不分售）

國家圖書館出版品預行編目（CIP）資料

走過311 重新定義幸福／葉文鶯等撰文；王慧萍總編輯
一初版.一臺北市：慈濟傳播人文志業基金會，2012.03
2冊，632面；15×21公分一（地球村系列；1）
ISBN 978-986-6644-65-8（全套，平裝）
1.震災　2.賑災　3.文集　4.日本
548.31707　　101004664